KB092796

플라스틱
세상

**Plastique,
le grand emballement**

플라스틱
세상

나탈리 공타르·엘린 세니에 지음
구영옥 옮김

푹스코너

슈렉의 장화부터 오렌지색 렌즈 선글라스까지
나의 플라스틱 모험을 지켜본 불멸의 자매,
카롤 기욤을 기억하며

"최선으로 나아가는 길이 있다면
이를 발견하기 위해 최악을 바라봐야 한다."

— 토마스 하디, 〈어둠 속에서〉 중

차례

2000년이 다가오는 무렵, 몽펠리에에 있는 한 대학교 사무실. 5층에 있는 이 사무실에는 남향으로 난 통창이 달려 있다. 덧창 크랭크 핸들이 고장 난 지 오래되어 사무실 한 편은 항상 햇볕에 노출되어 있다. 이런 세세한 묘사가 왜 중요한 지는 뒤에 나온다. 여기는 내 사무실이고, 나는 연구원이다. 나는 15년 동안 전 세계를 오가며 플라스틱 세계를 탐사하고 조사 해왔다. 수많은 생활용품으로 삶을 편리하게 만들고 시간을 벌 어줄 뿐만 아니라, 나의 가장 바보 같은 꿈까지도 구현해주는 이 천재적인 발명품이 내 관심을 끌었다. 이 발명품은 불과 몇십 년 만에 없어서는 안 되는 필수품이 되었다.

금요일 저녁이었다. 7시 30분쯤 됐으니 조금 정리를 하기로 했다. 몇 달 동안 일이 넘쳐났다. 창가에 과학 잡지가 수십 권 쌓 여 있지만 열어볼 틈도 없었다. 이 밤에 모두 훑어본 후 주제에 따라 팀원들에게 나눠줘서 쌓아놓은 더미를 없앨 작정이었다.

두 권, 세 권… 서른 권째 잡지의 포장지를 뜯었다. 더미가 줄 어들수록 플라스틱 필름이 조각나 먼지가 됐다. 처음에는 잘 몰 랐는데, 플라스틱 조각들은 어느새 사무실 대부분을 차지하고 있었다. '괜찮아, 내일 치우지, 뭐'라고 생각하며 계속 포장지를 벗겼다.

그런데 갑자기 숨쉬기가 불편해졌다. 숨이 막히기 시작했다. 기침을 해보려고 했지만, 숨을 더 쉴 수 없었다. 무언가가 조르는 듯이 목이 메었고, 나는 무서워지기 시작했다. 사무실 밖으로 나가 도움을 청하고 싶었지만, 시야가 흐려져 문을 찾을 수 없었다. 금요일 저녁 늦은 시간이었다. 건물에는 나 혼자뿐이었다.

어쩔 줄 몰랐던 나는 겨우 복도로 기어나가 헐떡이다가 구토를 했다. 영원히 끝날 것 같지 않던 시간이 지난 후에야, 폐에 한 줄기 공기가 들어왔다. 진심으로 안도하며 천천히 숨을 골랐다. 기관지와 목이 아팠고 눈은 충혈되어 있었다.

정신을 차리고 무슨 일이 일어났는지 파악하기까지 몇 시간이나 걸렸다. 햇빛을 받으며 쌓여 있는 잡지 포장지와 겉으로는 해로울 게 없어 보이는 얇은 봉지들이 나를 질식시킬 뻔했던 거였다. 봉지들이 햇빛을 받으면서 얇은 입자로 변해 내가 들이마시는 공기를 통해 침투했기 때문이었다.

제3천년기(2001년 1월 1일부터 3000년 12월 31일까지를 말한다 - 옮긴이)로 접어들면서 찾아온 새로운 봄기운이, 플라스틱에 대한 지식을 발전시키고 그 폐해를 근절하려는 과학자로서의 나의 결심을 북돋웠다. 내가 플라스틱을 관찰하고 연구하며 고찰한 지 30년이 넘었다. 그 잠재성에 홀려 있던 초기에 플라스틱이 지구를 침략해 수백 년 묵은 재료들을 가볍게 제쳐버리는 것을 지켜

봤다. 그 후 우리의 해변에, 토양 한가운데 그리고 우리 세포 안의 가장 비밀스러운 곳까지 발자국을 남기는 것도 목격했다. 먼 시간의 지평선 위로 눈에 보이지 않는 위험이 다가오는 것이 보였다. 걱정스러워진 나는 성능은 비슷하지만 덜 위험한 재료를 발명하고 재활용이라는 틀에 가둬 이 괴물의 식욕을 잠재워보려 했다.

하지만 오늘날 우리는 이 발명품을 통제할 수 없다는 사실을 확실히 알게 되었다. 플라스틱의 위선과 오남용은 우리를 위험하게 만든다. 그 영향을 무력화하기 위한 '대안 발명품'은 아직 비슷한 수준에도 이르지 못했다.

당신이 이 책을 읽는다면, 당신 주변에서 무슨 일이 일어나고 있는지, 당신이 가진 수단 중 그에 대처하기 위한 것이 무엇인지 더 잘 파악할 수 있게 될 것이다. 우리는 플라스틱 나노입자의 무한소부터 지구까지, 공간뿐 아니라 시간까지 여행하게 될 것이다. 이 여행에서 나는 여러분에게 과거 플라스틱과의 전쟁 이후 산업화가 내건 약속에 대해 들려줄 것이다. 오늘날의 플라스틱에 대해 설명하고, 물질적 발전을 향한 중독과 환경에 대한 걱정 사이에 끼어 있는 현대적 삶의 모순으로 안내할 것이다. 내일이면 우리의 기대와 나아가야 할 길이 떠올라 미래를 재발견할 수 있기를 바라면서. 내가 이제부터 들려줄 이야기가 바로 그 파란만장한 연대기다. 미래에 일어날 일들을 통찰력 있게 바라볼 수 있는 지난 60년간의 이야기가 될 것이다.

1

다재다능한
플라스틱의
유혹

영광의 30년(1945~1975)에 살았던 **호모 사피엔스**들, 소위 '현대 인간'이라 불리는 이들이 플라스틱의 매력에 넘어간 것은 결코 우연이 아니다. 플라스틱은 19세기 말에 등장한 후 전쟁으로 폐허가 된 도시를 재건하던 열광의 시대에 대중화되었다. 너무 완벽해서 홀리지 않고는 배겨낼 수 없었던 것이다.

낚시하는 로베르 씨, 요리를 만드는 뒤퐁 여사, 등교하는 어린 장을 살펴보자. 그날 잡은 물고기나 시장에서 산 채소, 공책이나 도시락을 가져가려면 (거추장스러운) 나무 상자나, (휘어지지 않는) 버드나무 바구니, (녹이 스는) 양철통, (찢어지기 쉬운) 종이 가방, (방수가 안 되는) 천 가방 혹은 (비싸고 무거운) 가죽 가방 중 하나를 선택해야 한다. 이때 석유화학이 마법을 부려, 유연하고 견고하지만 가볍고 가격도 저렴하면서 젖을 걱정이 없는 가방을 이들에게 선보인다면? 누가 이런 마법에 넘어가지 않을 수 있을까!

쇼핑백이나 가방에 주로 사용됐던 플라스틱은 결국 모든 것의 재료로 쓰이게 됐다. 플라스틱 용기 제조사인 타파웨어의 1세대 사용자 모임에 참여했던 주부들은 유리 용기보다 가벼우면서도 견고한 플라스틱 용기의 매력에 빠져버렸다. 한 번 훔치기만 하면 얼룩이 사라지는 타파웨어 식탁보와 다리미질이 필요 없고 순식간에 마르는 폴리에스테르 셔츠 앞에서 주부들은 한없이 약해졌다.

자동차 산업과 항공 산업의 엔지니어들도 플라스틱 앞에서 맥을 못 추기는 마찬가지였다. 더 멀리 그리고 더 빠르게 이동할 수 있도록 자동차와 비행기를 가볍게 제조하는 데 이보다 더 나은 재료를 꿈꿀 수 있을까? 더 가벼운 주택용 창문을 만드는 데 이보다 적합한 재료가 있을까? 남은 햄을 2주간 상하지 않게 보관할 수 있는 포장재를 만드는 데 이보다 유리한 것이 있을까? 플라스틱이 등장하기 전까지만 해도 공상과학에 지나지 않는 질문들이었다.

현대 인간은 그 유혹에 넘어가고 말았다. 플라스틱 덕분에 더 효율적이고 빠르게 일을 처리하게 되면서 능력도 향상되었기 때문이다. 플라스틱은 인류의 시간을 아껴주면서 동시에 삶의 질도 높여주었다.

나는 서구인들이 너도나도 플라스틱에 사로잡히기 시작한 1960년대에 태어났다. 베이비붐 세대 아이들이 그러하듯이 나 역시 이 신기한 재료에 대한 어릴 적 기억이 남아 있다. 그 덕분일까, 나는 커서 세계적인 플라스틱 전문가가 되었다. 부모님은 근근이 살아가는 계절 노동자였지만 내가 또래의 개구쟁이들처럼 중합체에 대한 열정을 발산할 수 있도록 도와주셨다. 내가 처음 구미를 느낀 대상은 바로 '젤리 슈즈'라고도 불리는 '젤리 샌들'이었다. 당시 우리 집은 아르데슈에 있었는데 이 PVC 소재 샌들은 지대가 낮은 강변을 걷기에 안성맞춤이었다. 작은 돌들이 샌들에 박히기도 했지만, 이 샌들은 그 한 번의 여름이 지나기도 전에, 직물로 만든 에스파드리유나 잘 마르지 않고 물에 닿으면 변형되어버리는 가죽 샌들을 제치고 각광을 받았다.

당시 아카데미 노벨위원회도 플라스틱에 열광했다. 내가 태어나기 1년 전 화합물 시대의 위대한 선구자인 카를 치글러(Karl Ziegler)와 줄리오 나타(Giulio Natta)는 노벨 화학상을 공동 수상했다. 이들이 발견한 것은 폴리에틸렌과 폴리프로필렌을 중합할 수 있는 촉매였는데, 이후 이 이름들은 삽시간에 널리 알려졌다. 이 두 **화합물**은 포장 분야에서는 빠질 수 없는 스타들이다.

영광의 30년 시대 동안, 마법 같은 재료인 플라스틱은 인간의 근대성과 능력을 보여주는 전형 그 자체였다. 플라스틱은 화려하게 변신한 후 교묘히 세상을 지배할 준비를 했다. 그리고 나는 의도치 않게 플라스틱에 관한 최고의 관찰자이자 변호인이 되었다가, 나중에는 플라스틱 경쟁자들의 코치가 되었으며, 종국에는 희생자들의 의료 고문이 되었다.

짧은 (선사) 역사 이야기: 공룡과 지구의 트위스트

전 세계가 플라스틱에 열광한 이유는 무엇일까? 나는 연구원으로서 초반 몇 년을 보낸 후에야 플라스틱을 특별하게 만든 것이 무엇인지 알게 됐다. 비밀은 바로 분자구조에 있었다.

아르데슈의 척박한 환경에서 살아남는 데는 어느 정도의 상식과 절약만 있으면 된다고 생각한 우리 가족들이 보기에 이런 연구는 아무런 도움도 되지 않는 것이었다. 인자한 교수님들과 정부 장학금 덕분에 나는 IUT(기술전문대학)에서 공부할 수 있었고 그 후 농산물 가공 분야의 그랑제콜 엔지니어 학위를 마쳤다. 5년간 공부하는 동안 플라스틱에 관한 수업은 전혀 없었다. 교수님들의 전문 분야가 식량 과학이어서 '생물학'이 주를 이뤘기 때문이다. 석유화학에 속하는 '화합물'은 교수님들에게는 생경한 분야였다.

식품 포장에 쓰인 플라스틱을 보면서 나는 그 유용성에 반했다. 어린 시절부터 집안에서 '쓸모 있는 사람이 돼라!'는 소리를 수없이 들었던 터라 플라스틱에 관심을 두게 된 것인지도 모른다. 나는 이 엄청나게 '쓸모 있는' 재료에 마음이 쏠렸고 진심으로 궁금했다. 비행기 좌석은 물론, 칵테일 잔에 달려 나오는 빨대까지 여기저기에 쓰여 인간의 온갖 욕구를 충족시켜줬으니 말이다. 생물학적 물질과는 전혀 다른 분자구조를 가진 플라스틱이 그토록 실용적이고 유연한 이유는 무엇일까?

이를 알아보려면 무한소의 세계와 무한한 과거의 세계로 빠져들어야 한다. 지금으로부터 1억 5천 년 전인 공룡시대로 가보자. 공룡이 어떤 주요 성분을 밟아서 다지고 압축했는데, 이 주요 성분이 훗날 우리의 장난감, 비옷, 컴퓨터, 로켓의 재료인 플라스틱을 탄생시키게 된다.

1억 5천 년은 플랑크톤과 해조류, 식물들을 비롯한 선사시대 유기물들이 석탄, 석유, 가스로 분해되는 데 필요한 시간이기도 하다. 하지만 이런 재료들이 지구 표면에 남아 평온하게 노화하도록 두는 것으로는 부족했다. 그래서 지구는 (판구조론으로도 불리는) 그 육중한 판을 비틀어서 이 재료들이 공기가 닿지 않도록 따뜻하고 깊숙한 곳에 매장해야 했다. 점토층이나 심해 같은 곳 말이다.

생물은 공기나 미생물과 접촉하면서 빠르게 생분해되어 유기물처럼 탄산가스나 물의 미분자 상태로 운명을 마감하고, 식물의 광합성을 통해 자연으로 돌아가 끊임없이 환생하며 순환하게 된다. 완벽한 '탄소순환'이다. 그러나 땅속에 갇힌 선사시대 재료들의 운명은 다르다. 따뜻한 땅속에서 수천 년을 보내며 그야말로 검은 금이라 할 석유로 거듭난다.

검은 금은 산소가 없는 유기물로 느리게 분해되지만 전부 분해되지는 않는다. 분해가 시작될 뿐 완료되지도 않는다. 석유 분자는 생물을 구성하는 분자보다 작지만, 탄산가스나 물의 미분자보다는 훨씬 크다. 분해가 느린 것은 석탄이나 가스도 마찬가지다. 석탄은 덜 깊이 묻혀 있기 때문에 덜 분해되고 반대로 가스는 석탄보다 더 분해된다. 그래서 석유는 분해가 시작됐지만 완성되지 않은 점액질의 검은 진액 상태가 되어 깊은 곳에서 서서히 올라오며 돌 틈에 스며든다.

이런 과정이 그리 우아해 보이지는 않지만, 석유의 가치는 무한하다. 무엇보다 다루기 편해서 쉽게 얻을 수 있는 에너지원이다. 이 끈적거리는 검은 진액을 '정제'하면 거대한 분자군을 얻게 되는데 마치 생물에서 나온 작은 레고 조각과 비슷하다. 이레고 조각이 탄소와 수소가 다른 비율로 구성된 탄화수소다. 탄화수소는 중단된 분해 과정을 완료하기만 하면 매우 잘 타는 성질을 가진다. 그렇게 방출된 에너지 덕분에 우리는 지구의 이쪽 끝에서 저쪽 끝으로 쉽게 이동할 수 있지만, 그 과정에서 방출되는 탄산가스는 탄소 발자국과 기후변화라는, 현시대의 악몽이 되어버렸다.

석유에서 추출된 일부 레고 조각을 다시 조립하면 유연한 재료가 만들어진다. 이 재료가 바로 플라스틱이다. '조형에 적합'하다는 의미의 고대 그리스어 'plastikos'에서 유래된 이름이다.

카를 치글러와 줄리오 나타는 베일에 싸인 액체 금속(사염화티타늄)이 레고 조립의 실마리가 되기에 충분하다는 것을 가장 먼저 발견했다. 이 발견 이후로 재료 생산은 일사천리로 이뤄졌다.

짧은 화학 이야기: 미키 마우스와 탄소의 유연한 손

한 무리의 석유화학 전문가들이 석유 속에 떨어진다면 이 유기물의 분해 과정은 제대로 시작될 것이다. 분자 크기로 축소된 레고를 가지고 놀다 보면 탄소와 수소 사슬을 쉽게 분리하여 매우 실용적인 분자 덩어리들, 즉 에틸렌을 얻을 수 있다는 사실을 금세 알게 될 테니 말이다. 그러면 쌍둥이같이 똑같은 분자 수천 개로 조립된 에틸렌에서 플라스틱의 가장 단순한 구조인 폴리에틸렌을 얻을 수 있다.

상상의 나래를 펼쳐 머릿속에서 현미경을 작동시키면 이해하기 쉬울 것이다. 에틸렌 분자는 하나의 목에 양쪽으로 머리가 하나씩 붙어 있는 구조로, 미키 마우스 머리 두 개가 붙어 있는 모습과 비슷하다. 즉 머리에 해당하는 거대한 탄소 분자 하나에 수소 분자 두 개가 귀처럼 양쪽으로 튀어나와 있다. 분자식은 C_2H_4(2개의 탄소 원자와 4개의 수소 원자)이다.

이 화학구조를 잠시 살펴보자. 두 개의 미키 마우스 머리를 잇는 목은 두 개의 결합선으로 되어 있다. 원자는 서로 붙잡고 교류하기 위한 결합선, 이를테면 일종의 손을 가지고 있다. 탄소도 손을 가지고 있는데 탄소의 손은 자그마치 4개다. 그만큼 여러 원자와 결합할 수 있다는 말이다. 에틸렌 분자에서 각각의 탄소 원자는 귀처럼 달린 수소 원자 2개와 다른 탄소 원자를 두 손으로 '잡고' 있다.

에틸렌 분자가 '클립'처럼 단단히 고정되어 있는 이유도 바로 이 2개의 결합선 때문이다. 두 탄소 원자는 두 손으로 서로 맞잡고 있는데, 한 손을 놓아 각자 양쪽으로 다른 분자들과 이어질 수도 있다.

이러한 사슬 결합을 '중합'이라고 한다. 에틸렌 분자들을 여러 개 이으면 에틸렌은 폴리에틸렌이 된다. 오늘날 우유병이나 볼펜 등에 가장 흔하게 쓰이는 플라스틱이다.

만약 에틸렌이 강도, 투명함 그리고 내열성을 갖추려면 탄소 원자가 귀처럼 붙어 있는 수소 원자를 필요한 다른 분자로 교체하면 된다. 탄소의 유연한 손들 덕분에 에틸렌은 화학자들이 꿈꿔온 만능 슈퍼 파워를 가진 작은 레고인 것이다. 덕분에 인간의 가장 광적인 욕구들마저도 이룰 수 있게 되었다.

자기를 띤 진주 목걸이

사람은 본래 풍부한 가능성에 쉽게 넘어간다. 현미경을 앞에 두고, 미니어처 레고는 진주, 그리고 이 진주들로 목걸이를 만든 것이 플라스틱이라고 상상해보자.

탄소의 유연한 손이 하나의 진주알과 다른 두 진주알을 이어 하나의 사슬을 형성한다. 화학 용어로 진주알은 '**단량체**', 사슬은 '**중합체**'라고 한다. 각각의 진주알은 상온에서 자기를 띤 것처럼 주변에 있는 다른 진주알들을 끌어당긴다. 그렇게 나란히 혹은 위아래로 결합해 수천 개의 목걸이가 만들어지면서 3차원 구조의 플라스틱이 된다.

플라스틱들의 이름은 어렵지만 해독하기는 쉽다. '다수'를 뜻하는 접두사 '폴리(poly)' 다음에 진주알의 이름을 붙이는 것이기 때문이다. 가장 작은 '플라스틱 진주'는 **에틸렌**(ethylene)이다. 그리고 이 에틸렌들이 목걸이처럼 결합하면 폴리에틸렌(polyethylene, PE)이 탄생한다.

에틸렌이 가장 굵은 진주가 되면 이때 귀처럼 붙어 있는 수소 원자 하나를 이름도 어려운 '테레프탈레이트(terephthalate)'의 거대한 분자 하나로 대체한다. 이런 방식으로 중합, 즉 목걸이를 완성하면 이 진주들은 폴리에틸렌테레프탈레이트(PET)가 되는데 흔히 물병에 쓰이는 그 재료다. 이런 식의 결합을 통해 다양한 재료가 끝도 없이 탄생하게 된다.

가령 스티렌의 진주알 분자들을 중합하면 또 다른 재료인 폴리스티렌을 얻게 된다. 요구르트병이나 컴퓨터의 자판에 주로 쓰인다. 팝콘 기계와 비슷한 기계를 활용해 다공 구조의 플라스틱을 만들 수도 있다. 그러면 발포 폴리스티렌이 되는데 솜을 뭉쳐놓은 듯이 생겼다. 미세 구멍 속에 있는 공기가 뛰어난 단열

효과를 내며 열기와 냉기를 막아준다. 주택 자재나 아이스박스, 컵 등에 사용된다.

스위스 군용 칼보다도 변신에 능한 플라스틱은 그야말로 엄청난 특징들을 가졌다. 하지만 가방에 쓰일 때만큼은 단 한 가지 특징만 갖춰도 충분하다. 바로 상상하는 대로 어떤 형태든 쉽게 만들 수 있다는 점이다. 유리, 나무와 같은 다른 전통적인 재료들과 달리, 튜브 형태나 포퓰러카 핸들 같은 형태도 가능하다.

무한소의 세계에서는 다음과 같은 일이 벌어진다. 온도가 올라가면 분자들은 활발히 움직이고 **중합체 목걸이**들 간의 인력은 약화된다. '자성'을 잃고 점점 서로 멀어지는 것이다. 그러면 플라스틱은 다소 끈적이는 무른 덩어리가 되고 목걸이는 분리된다. 스파게티 면을 오래 익혀 면이 흐물흐물해지면 틀에 넣어서 우리가 원하는 모양으로 만들 수 있는 것과 같다. 모양을 잡아서 그대로 열을 식히기만 하면 진주알 사이 혹은 목걸이 사이에서 인력이 다시 발생하고 재료는 우리가 만든 모양대로 3차원 형태로 굳는다.

플라스틱이 가진 본성, 이름 그리고 마법은 모두 '유연성(plasticity)'에서 비롯된다. 단순히 가열하고 냉각하는 것만으로 모든 형태를 만들 수 있기 때문이다. 말 그대로 플라스틱의 활용은 인간의 상상력에 달려 있다고 할 수 있다.

플라스틱 혁명이 이제 실감 나는가? 그렇다면 석공인 나의 할

아버지에게 이 이야기를 해주길 바란다. 할아버지는 아르데슈의 석회 절벽을 직접 올라 탁자나 긴 의자 하나를 만들기 위해 몇 주를 그곳에서 보냈다. 하지만 갑자기 탁자에 금이라도 가면 그간의 노력은 모두 수포가 됐다. 목재를 다듬고 조이고 조립하는 목수와 온종일 무두질하고 손질하며 꿰매는 가죽 장인에게도 이 혁명에 대해 알려주길 바란다. 뽕나무 잎에 둘러싸인 누에들에게 수개월 동안 먹이를 주고 조심스럽게 고치의 실을 뽑아 방직공장으로 명주실을 보내는 나의 어머니도 반드시 이 혁명에 대해 알아야 한다. 당신도 이제 플라스틱이 어떻게 단 수십 년 만에 다른 재료들을 제치고 제왕의 자리에 올랐는지 짐작할 수 있을 것이다.

카멜레온 같은 플라스틱 덕분에 1970년대 '인조(人造)'의 시대가 성대하게 열렸다. 당시 프랑스의 조르주 퐁피두 대통령은 1972년 유명 디자이너인 피에르 폴랑(Pierre Paulin)이 만든 플라스틱 가구들로 엘리제궁을 현대화하기도 했다. 그해 막 열세 살이 된 나는 새해를 맞아 인조가죽으로 만든 꽉 끼는 흰색 재킷을 사 입었다. 목과 소매 주변은 털로 싸여 있었는데 이 또한 합성섬유였다. 재킷은 제법 그럴싸했다. 가벼웠고 무엇보다 가격이 파격적이었다. 한 가지 큰 단점이 있다면 몇 개월 만에 팔꿈치 부분의 가죽이 벗겨지고 주머니의 가죽도 드문드문 얇아졌다는 점이다. 플라스틱의 성능이 오래 지속되려면 아직 발전해야 할 부분이 남아 있었다.

그런 발전은 이후 신속하게 진행되었고, 중합체의 분자구조에 관한 연구를 토대로 플라스틱의 속성들이 구체화되기 시작했다.

딱딱한 플라스틱 성운 옆에는 더 얇고 가벼운 **저밀도 플라스틱** 성운이 있다. 대표적인 물건이 장바구니 가방이다. 이런 '가벼운(light)' 중합체를 만들기 위해 석유화학 전문가들은 나무 몸통 주변에 있는 잔가지들처럼 주요 사슬에 목걸이 일부분을 접목한다. 목걸이들이 나뭇가지들처럼 맞대어 붙어 있어 완벽하게 '배열'된 것은 아니지만 매끄럽고 균일한 성질을 가진다. '접목'된 이 중합체는 저밀도 플라스틱이라는 더욱 가벼운 재료가 된다.

이 대단한 플라스틱의 대가족 중에는 '열경화성 플라스틱'이라 불리는 가족이 있다. 열을 가해도 물러지지 않는 것이 특징이다. 그 비밀은 목걸이들 사이, 그리고 진주알들 사이에 존재하는 강한 인력에 있다. 탄소의 '손들'은 주변 목걸이에 있는 다른 탄소의 손을 높은 온도에도 맞잡고 절대 놓지 않는다. 그래서 열경화성 플라스틱은 전자레인지 안에서도 잘 버티고 폭염에 달궈진 자동차 안에서도 형태가 뒤틀리지 않는다. 반대로 뜨거운 커피를 부으면 뒤틀리는 플라스틱 컵은 '열경화성'이 아닌 '열가소성' 플라스틱으로 만들어진 것이다. 열을 가하면 공장에서 틀로 성형할 때처럼 다시 물러진다.

석유 경제와 대성당 그리고 알갱이들

플라스틱에 반해버린 나는 1980년대 말 중합체로 만든 식품 포장 용기를 주제로 논문을 쓰기 시작했다. 당시 플라스틱이 매우 중요한 주제라는 것을 직감한 것이다. 그도 그럴 것이 1980년대가 되자마자 상당량의 식품들이 플라스틱 용기에 담겨 팔리기 시작했다. 식품 안전성과 플라스틱의 사용 후 처리에 대해서는 누구도 깊이 고민하지 않았다. 플라스틱이 없는 곳이 없었고 그렇게 기적은 완성됐다. 석유화학은 매일매일 문어의 촉수처럼 더 멀리 뻗어나갔고 하루도 빠짐없이 새로운 물건들을 선보이며 사회를 점령했다. 사람들은 플라스틱이 보여주는 최상의 기술과 디자인을 발견하는 기쁨에 도취했다. 기술자, 디자이너, 엔지니어들이 의자, 문, 가방, 상자, 신발, 튜브, 병 등을 상상하기만 하면 모든 것이 전보다 더 뛰어나고 아름다우며 독창적으로 탄생했다. 시간이 흐를수록 플라스틱은 (우리에게 진정 필요한 것보다는) 우리의 소소한 욕구들을 만족시켜주며 가치가 높아졌다.

'쓸모 있는 사람이 돼라!'는 가족들의 일침을 듣고 자란 나는 개발도상국에서 내 쓸모를 발휘하기로 했다. 그래서 박사학위를 받자마자 식품 안전과 보존 문제를 해결하지 못하고 있는 남방 국가들의 엔지니어를 육성하는 교수 자리에 지원했다. 아프리카, 남미, 아시아에서 온 나의 학생들 대부분은 유복한 집안에서 자란 친구들이었다. 그들에게 엔지니어 학위는 '열려라, 참

깨'를 외치며 농산물 가공 산업에 진입할 수 있는 주문과 같았다. 농산물 가공 산업은 프랑스에서도 석유화학 산업과 비등하게 부와 일자리를 창출하는 중요한 원천이다. 프랑스인으로서 우리가 먼저 혜택을 받은 진보의 길을 남방 국가의 미래 전문가들에게 제시하는 것은 아주 당연한 일이라고 생각했다. 당시 나와 동료들은 여전히 '제3세계'로 불리는 국가들에 사는 수백만 명이 가난에서 벗어날 길은 산업화, 경제성장, 소비라고 확신했기 때문이다.

나는 학생들에게 포장 분야의 노하우를 전수했다. 그중에서도 분유, 이유식, 말린 망고, 카사바 바를 보존하며 운반하며 상품화할 수 있는, 가장 뛰어나고 저렴하며 현대적인 플라스틱 포장에 대한 것이 주를 이뤘다. 말 그대로 플라스틱은 발전이라는 희망을 전달하는 용기였다. 이 희망을 모두에게 전달하는 사명은 얼마나 위대하고 아름다운가! 미래의 엔지니어들은 아프리카에서 플라스틱 필름을 대량으로 생산할 수 있는 시설을 연구했다.

식품 포장 분야에서 플라스틱이 무서울 정도로 급격한 성공을 이룬 원인을 파악하려면, 단순히 가볍고 견고하며 투명한 특징 때문만은 아니라는 점을 먼저 설명해야 한다. 우리의 신체가 성장하고 살아가며 노화하는 데 없어서는 안 되는 것이 바로 음식이다. 손상되기 쉬운 필수품인 음식을 플라스틱이 보호할 수 있다는 점이 무엇보다 중요하다.

목걸이들이 **빽빽**하게 뒤얽혀 있는 **고밀도 중합체**는 사악한 상온의 분자들이 가하는 공격을 막아준다. 사악한 분자들, 즉 산소가 과일 주스의 비타민을 산화시키고 돼지고기를 검게 만들며 강판에 간 치즈 위에 녹색 미생물을 증식시키지 않도록 막는 것이다. 고밀도 플라스틱은 바삭한 과자를 눅눅하게 만드는 습기를 차단하는 역할을 한다. 식품 손상과 낭비를 막는 훌륭한 방패인 셈이다.

플라스틱을 다른 재료와 결합하면 더욱 완벽한 포장재를 얻을 수 있다. 알루미늄포일과 우유 팩 마분지 사이의 응집력을 이용해 두툼한 판지로 만든 포장재는 가장 이상적인 재료로 선호도가 높다. 유리처럼 음식을 보관할 수 있는 용기들도 있지만 저렴한 플라스틱과 가격을 비교해보면 헛웃음만 나온다. 이것이 이 악랄한 파괴자의 매력이다.

석유화학 분야는 지난 몇십 년간 플라스틱 가공을 위해 철과 불의 대성당인 정제소와 공장들을 수면 위로 끌어내기 위해 새 단장을 했다. 석유 생산국과 국제금융자본은 공급을 담당하고 거대 기업들은 천문학적인 양의 플라스틱을 저렴한 가격으로 생산한다. 품질은 끊임없이 발전하고 가격은 계속 낮아진다. 석유화학 산업의 도약은 모든 OECD 가입국의 지갑을 두툼하게 채워주고 많은 기업가와 주주들을 자산가 목록에 올려주었다.

렌틸콩부터 완두콩까지 다양한 크기의 **플라스틱 펠릿**, 즉 하얀 알갱이들은 국제시장에서 가장 각광받는 신제품이다. 산더미 같은 펠릿이 전 세계를 누빈다. 다른 원료들과는 반대로 펠릿은 가벼울 뿐만 아니라 충격, 습도, 저온과 고온, 해충, 설치류 등 주의해야 할 사용법이 전혀 없다. 어떤 상황에서도 손상되지 않기 때문이다.

한편 개발도상국에서는 포장 재료 생산에 드는 초기 투자와 에너지 소비가 국가 자금을 훨씬 넘어서기 때문에 생산에 어려움이 따른다. 가령 유리를 생산하려면, 수익을 남기기 위해서 대규모 공장이 필요하다. 주말에 모터 가동을 중단하거나 매주 디자인을 바꿀 수도 없다. 용해로의 온도는 항상 유지되어야 하고 1년 365일 가동을 멈춰서는 안 된다. 금속이나 판지 생산도 마찬가지로 투자와 노하우가 필요하다. 반면 플라스틱은 원하는 형태로 저렴하게 생산할 수 있다.

전 세계 구석구석 영향력을 미치며 까다롭고 야심 찬 사업가들을 유혹하는 플라스틱의 강점은 바로 **유연성**에 있다. 플라스틱은 열처리와 냉각만으로 쉽게 생산할 수 있기 때문이다. 거대한 성당이 없어도 되는 셈이다! 주형기와 자금과 사출기만 있으면 충분하다. 사출기가 알갱이들을 반죽하고 압력과 열을 가하면 원하는 형태와 크기의 주형에 액체 상태의 플라스틱을 붓고 압축하기만 하면 된다. **사출가공**은 액체 상태의 원료를 불거나 부풀리는 방법으로 결합시켜 병이나 아주 얇은 가방을 만들 수 있다.

모터를 가동하기 위한 약간의 전력만 있으면 제조자가 무엇을 상상하든 플라스틱 알갱이들은 단번에 기계를 통과해 상상했던 형태와 색상으로 탄생한다.

늘어나고 있는 플라스틱 생산 시설들은 마치 목초지 없는 소규모 농장들과 같다. 배설물도, 냄새도, 계절에 따른 변수도, 질병도 없는 플라스틱이라는 소는 어디서든 적절하고 원하는 대로 일한다! 생산된 물건들을 비축하고 이동하는 데 어떤 제약도 없다.

프랑스에서는 20년 앞선 1960~70년대에 플라스틱 생산이 유망 산업이 됐다. 소규모의 플라스틱 기업들은 저렴한 플라스틱 제품들을 줄줄이 생산하면서 우후죽순 성장했다. 그런 후 플라스틱은 아시아 지역을 점령했다. 1990년대에 우리는 아프리카와 라틴아메리카에 경제적 자립과 고용, 경제활동을 촉진하려면 우리와 똑같이 플라스틱 산업을 육성해보라고 권했다. 플라스틱으로 전향한 새로운 배교자들은 석유화학 산업의 고객이되었고 국제 표준을 따른 새로운 포장재는 특히 인기 많은 이국적인 제품의 수출을 촉진했다. 그야말로 일석삼조였다!

다재다능하고 저렴한 플라스틱은 탄탄대로를 걸으며 전 세계를 빠르게 누볐다. 미래의 남방 국가 엔지니어들에게 이 마법 같은 재료에 대해 가르치는 나야말로 믿을 수 없는 악순환의 한 고리였다.

아무도 눈치채지 못한 것일까?

여러분도 나처럼 의문이 생길 것이다. 플라스틱이 전 세계를 누비기 전에 왜 아무도 사용 후 처리와 뒤따를 오염에 대해 걱정하지 않은 것일까?

물론 플라스틱이 진보에 일조한다는 확신과 이점이 있다는 전망을 보고 무분별하게 발명한 것은 사실이다. 그런데 나는 인류의 역사에서 우리가 사용했던 모든 재료는 다시 자연으로 돌아갔다는 생각이 먼저 들었다. 재료들은 자연에서 유래되고 '무언가를 위해' 만들어진 후 생물지구학적 순환에 합류한다. 비단, 나무, 철, 양모는 각자의 방식으로 결국 분해된다. 유리, 돌, 금속도 주성분인 칼슘, 철, 이산화규소 등으로 천천히 변해 물과 땅을 광물화한다. 가죽, 종이, 직물은 토양의 미생물이 소화시켜 미분자가 되고 식물 광합성을 통해 탄소 순환으로 들어간다. 그러니 인류가 항상 도움을 받았던 모든 재료들과 플라스틱이 다를 것이라고 생각이나 할 수 있었겠는가?

중합체는 실제로 매우 이례적이다. 똑똑한 인간은 중합체를 만들려고 재료의 레고들을 완전히 변형해 하나부터 열까지 자연의 생물학적 기능과는 '무관한' 재료를 만들었다. 이 낯선 재료는 거대한 자연 순환에서 낄 자리를 찾지 못하고, 오히려 순환을 해치는 위협요소가 되어 몇 세기 동안 자연 속에서 버티고 있다.

플라스틱에 목말라하던 초반 몇십 년은 아무도 문제 삼지 않았고 더 멀리 내다보지도 않았다. '보편화'된 중합체가 인류의 삶의 질과 진보의 실현을 한 단계 더 높여주었기 때문이다. 지구 자원들을 활용하는 지성의 성공을 즐기기 바빴던 인류는 행복을 물질적 의미에 겹쳐놓았다. 경제성장에 눈이 먼 나머지, 전 세계적인 플라스틱 대량 사용의 결과는 미처 내다보지 못한 것이다.

2

묵살된
우려

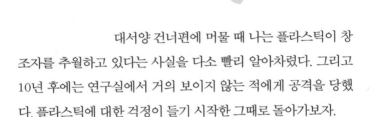

　　　대서양 건너편에 머물 때 나는 플라스틱이 창조자를 추월하고 있다는 사실을 다소 빨리 알아차렸다. 그리고 10년 후에는 연구실에서 거의 보이지 않는 적에게 공격을 당했다. 플라스틱에 대한 걱정이 들기 시작한 그때로 돌아가보자.

땅과 플라스틱의 밀회유

　　플라스틱이 통제 가능한 범위를 넘어섰다는 것을 깨달았을 때는 과들루프에서 지내던 1993년이었다. 그해 여름 나는 어느 앤틸리스 바나나 생산자가 말도 안 되는 도움을 요청해 대서양을 건넜다.

　　영농인들은 근심스러운 표정으로, 20여 년 전부터 바나나의 성장을 촉진하려고 폴리에틸렌으로 바나나 송이를 감싸왔다고 설명했다. 이 파란 플라스틱 망토를 바나나 나무에 매달아 나뭇잎의 마찰과 기생충으로부터 바나나를 보호하고 숙성을 촉진한 것이었다. 영농인들은 잡초 때문에 땅 위에도 검은 폴리에틸렌 필름을 덮어뒀다. 그들 말로는 기존에 쓰던 짚을 사용하면 습도가 유지되고 땅도 더욱 비옥해지긴 하지만, 플라스틱 필름이 구하기도 쉽고 설치하기도 편리했다. 파랗고 검은 중합체 덕분에 바나나의 출하량은 대폭 증가했고 농사일도 훨씬 수월해졌다고 했다.

바나나 생산자들은 그들의 진척을 지극히 자랑스럽게 여기며 이 방법이 문제가 될 것이라고는 조금도 염려하지 않았다. 수확기에는 마체테를 들고 바나나 송이를 자른 후, 플라스틱 비옷은 땅이나 밭 주변에 버려버렸다. 땅을 덮은 농업용 비닐도 마찬가지로 그 자리에 그대로 방치해 낙엽, 흙, 쓰레기 등 온갖 것들이 그 위로 쌓여 있었다. 그리고 다음 재배기가 돌아오면 농업용 비닐을 그 위에 새로 깔았다.

영농인들은 나를 바나나밭으로 안내했다. 그곳에는 놀라운 풍경이 펼쳐져 있었다. 바나나밭이 바닥부터 천장까지 끝도 없이 플라스틱으로 덮여 있었다. 정확히는 땅에서부터 가장 높이 있는 바나나 송이까지. 충격적인 그림 같았다. 청록색 식물 배경에 파랗고 검은 것들이 섞여 있고 파란 하늘에 하얀 목화 구름이 군데군데 뿌려진 듯이 보였다. 단번에 이 그림은 나의 뇌리에 각인되었다.

"이제 우린 뭘 해야 하죠?" 한 영농인의 쩌렁쩌렁한 목소리에 어안이 벙벙하던 나는 정신을 차렸다. 머리 하나만큼 차이가 날 정도로 키가 큰 그는 주름진 눈으로 나를 쳐다보며 더러운 파란 플라스틱 필름 조각을 한 움큼 건넸다. 영농인들은 잎과 줄기, 늙은 바나나 나무를 큰 구덩이에 묻었던 예전 방식대로 이 귀찮은 쓰레기들을 치우려고 했다. 하지만 이 작업은 너무 고됐다. 바람이라도 조금 불면 다시 그러모을 생각조차 하지 못할 정도로 플라스틱은 뿔뿔이 흩어졌고 구덩이들은 너무나 빨리 차서 점점 더 멀리 구덩이를 파야 했다. 밭 근처에서 소각해보려고도 했지만, 인근 주민들이 냄새가 고약하고 강과 호수가 오염된다며 불만을 제기했다.

바나나밭의 토양은 경작지라기보다는 플라스틱 필름과 부식토가 겹겹이 쌓인 밀푀유 같았다. 수천 개의 플라스틱 조각을 그러모은다는 것이 어디 쉬운 일인가! 영농인들은 몽펠리에에 있는 프랑스 국제농업개발연구센터(Cirad)˙의 한 연구자가 생분해되는 플라스틱을 개발했다는 소식을 듣고 내게 바로 연락한 것이었다.

당시 나는 사십 대에 접어든 차였는데 포장재에 대한 관심 때문에 새로운 플라스틱 재료를 연구하고 있었다. 이 신재료는 갑자기 부족해질 위험이 없도록 지역 재료로 만들어야 하고 동시에 자연 속에서 분해되어야 한다고 생각했다. 그래야 환경에 폐기물이 축적되는 위험을 피할 수 있기 때문이다. 소수의 팀원과 함께 열대 지역의 원재료로 만든 '생분해되는 플라스틱'에 대해

˙ 열대 및 지중해 지역의 지속 가능한 발전을 목표로 하는, 농업 연구와 국제 협력을 위한 프랑스의 기구.

연구했다. 그 결과로 보기 좋은 하얀색 그릇을 의기양양하게 선보였다. 얼핏 보면 발포 폴리스티렌으로 만든 것이라 오해할 수 있지만, 이 용기는 밭에서 나는 (브라질의 중합체라고 할 수 있는) 카사바 분말로만 제작된 것이었다.

나의 동료 엔지니어들이 만든 어떤 소형 기계로 새하얀 카사바 녹말에 기포를 넣어 팝콘처럼 만들었다. 이 용기의 가장 큰 장점은 몇 개월 만에 자연 속에서 사라진다는 점이다. 하지만 동전의 양면처럼 녹말 중합체는 플라스틱 중합체보다 물을 견디지 못하는 단점이 있었다. 그래서 건조한 제품에만 사용해야 했다. 과들루프의 영농인들이 나를 초대했을 당시, 나는 열대 지역의 밀랍을 발라 물에도 더 잘 견디는 용기를 만들어서 가져가려고 했다. 그들이 나의 연구에 관심을 보인 이유는 바나나밭을 살리고 싶기 때문이었다. 바나나밭의 다른 쓰레기들처럼 밭에서 저절로 분해되어 한 계절 만에 사라지는 파랗고 검은 필름 봉투를 꿈꾼 것이었다.

플라스틱으로 '뒤덮인' 땅에서 두 가지 재료가 섞여 있는 모양새를 뚫어지게 관찰한 나는 문제의 심각성을 인지했다. 새하얀 나의 포장 용기를 생각하니 가소로울 지경이었다. 지저분한 플라스틱 필름 조각들을 건네는 손을 차마 바라볼 수 없었고 뙤약볕 아래서 한껏 기대에 부풀어 나를 바라보는 주름진 눈을 마주할 용기도 생기지 않았다. 나는 기어들어가는 목소리로 사과했다. 다들 내 연구에 대한 기대가 너무 컸다. 헛된 희망을 심어준 것 같아 죄스러웠다. 나는 그제야 실험실에서만 하던 내 연구와 이 영농인들의 욕구를 채워줄 수 있는 대량 생산 사이의 괴리를 깨달았다. 마치 걸리버 같은 거대한 목표에 맞선 소인이 된 듯한 기분이었다.

> 나는 바나나밭에서 끔찍한 현실을 인식했다. **플라스틱 쓰레기가 뒤덮인 땅**에서 이를 '분리'하는 것은 엄청나게 어려웠다. 나의 고향 아르데슈에서도 그러하듯 인간은 언제나 밭에서 돌을 골라내 담장을 만들었다. 굴러다니는 쇳조각을 분리하려면 자석만 있으면 되지만, 땅에서 플라스틱 조각을 골라내기 위해서 우리가 할 수 있는 일은 없었다.

나는 이 영농인들을 도울 수 없었다. 시간이 지난 후 이들이 이 밀뢰유가 더 커지지 않도록 플라스틱 쓰레기들을 모으기로 했다는 것을 알았다. 지역의 한 회사가 사용한 가방이나 농업용 비닐의 작은 조각들을 녹여서 수출용 바나나를 담는 목제 상자의 모서리를 보강하는 브래킷을 만들기로 한 것이다. 하지만 이 플라스틱 브래킷은 사용 후에 어떻게 되는지, 그리고 브래킷이 되지 못한 플라스틱은 또 어떻게 되는지는 아무도 몰랐다. 어찌됐든 바나나 영농인들이 수백만 개의 플라스틱 조각을 깨끗이 치웠을 거라는 생각은 들지 않는다.

나는 이들을 도울 수 없었다. 대신 전적으로 믿고 사용했지만, 이제는 큰 비용이 들더라도 치워버리고 싶은 플라스틱에 대한 이들의 고민과 두려움을 머릿속에 새기게 되었다. 내 마음속에 의문 하나가 싹터서 시간이 갈수록 뇌리에 깊숙이 박혔다. 우리는 어떻게 플라스틱처럼 대단한 재료를 만들어냈고 불과 몇십 년 만에 그 포로가 되고 말았을까?

없으면 불안한 마약

제3천년기가 다가올 무렵 바나나 영농인들과 자연을 사랑하는 사람들을 제외하고 플라스틱에 대해 우려하는 사람들은 그리 많지 않았다. 그러기는커녕 오히려 플라스틱이 부족할까 봐 걱정이었다. 1970년대에는 오일쇼크가 일어났다. 석유 생산국들이 밸브를 잠가 석유에 중독된 세계인들에게 영향력을 행사하는 바람에 주유소들과 플라스틱 가공 공장들이 곤혹을 치렀다. 석유 없이는 에틸렌이 없고 에틸렌 없이는 플라스틱도 없다.

관련 산업들은 계산기를 두드려보고, 게걸스럽게 퍼내기만 했다가는 석유 매장량이 언젠간 바닥이 날 수도 있다는 사실에 불안해했다. 당시 석유 자원은 향후 50년 안에 고갈되리라 예측됐다. 아직 변화할 시간은 충분했지만, 그러지 않았다. 또 다른 석유 매장지들이 발견되면서 앞으로 50년은 더 쓸 수 있게 됐기 때문이다. 하지만 그때부터는 석유 고갈보다 석유 사용으로 발생하는 쓰레기들 때문에 더 골치 아파졌다. 1990년대에 이미 우리는 완전히 중합체에 중독되어 있었다.

1992년 나는 밀의 단백질로 플라스틱과 유사한 투명 필름을 개발한 공로를 인정받아 '유럽곡물발전상'을 받았다. 이 연구를 통해 유럽의 곡물 생산자들이, 남아돌던 곡물이 식품 시장 밖에서도 가치가 있지 않을까 하는 희망을 품었기 때문이었다.

실제로 그 당시 밭과 축사에서 우유와 감자 그리고 곡물들이 과잉 생산되면서 가격이 폭락하고 있었다. 영농인들은 농업부 건물 앞에 퇴비를 실은 덤프트럭을 세우는 시위를 벌이기도 했다. 그러자 유럽은 궁여지책으로 밭을 놀리는 영농인들에게 보조금을 지원했다. 이런 과잉 생산의 위기에서 벗어나기 위해서는 시급히 잉여분을 처분하거나 새로운 판로를 개척해야만 했다. 그래서 플라스틱을 만드는 데 농산물을 사용하자는 아이디어가 주목받게 된 것이었다.

나는 엄숙한 분위기의 스트라스부르 국회에서 상을 받았다. 은으로 번호가 새겨진 거대한 방패 모양의 상패는 유럽만의 독특한 화폐의 원형으로 훗날 유로로 대체됐다. 그러니 결코 존재한 적 없는 화폐로 보상을 받은 셈이었다. 그것도 오늘날에 와서는 섭취가 아닌 목적으로 농산물을 빼돌리며 세계 식량 안보를 위태롭게 했다고 의심받는 목표에 공헌한 대가로.

같은 해 나는 연구를 위해 태국으로 향했다. 내가 살던 곳에서 봤던 플라스틱 용품들을 태국의 노점, 거리, 해변, 밭에서도 발견했다. 유럽 곳곳에서 그런 것처럼 그곳에서도 사람들의 눈에는 플라스틱 쓰레기가 보이지 않는 것 같았다. 배출되는 쓰레기는 많았지만, 그들이 사용 후 방치한 컵, 빨대, 음식 용기가 어떻게 될지 걱정하는 사람은 없었다. 다 먹은 과자나 음료수의 포장재를 차창 밖으로 던져도 화내는 사람은 아무도 없었다.

우리의 삶 구석구석 플라스틱의 마수가 닿지 않은 곳이 없었다. 내 삶 속에 플라스틱이 어떻게 개입하든 나 역시 개의치 않았다. 폴리에틸렌 가방 없이 장을 본다는 건 다들 상상도 할 수 없는 일이었다. 나와 남편도 1994년과 1998년에 태어난 두 아이에게 가볍고 위생적이며 깨지지 않는 폴리카보네이트 젖병 말고는 다른 용품으로 분유를 먹일 생각조차 하지 않았다.

패션계도 플라스틱 중합체의 유혹에 넘어가지 않을 수 없었다. 우리 몸에 착 감기는 폴리에스터와 폴리아미드, 그 밖의 합성섬유들은 면, 모시, 비단, 모직과 경쟁했다. 자동차, 항공, 건설산업에서도 플라스틱은 엔지니어와 디자이너의 창의력을 몇 배나 향상시켰다. 1950년대에는 비행기 하면, 너른 평야에서 나무, 금속, 밀랍 바른 포목으로 만든 비행기가 날고 있는 모습을 떠올렸지만 20세기를 끝으로 이마저도 사라졌다. 플라스틱은 별다른 노력 없이도 오랜 경쟁자들을 가차 없이 제쳐버렸다.

플라스틱은 새로운 혼합물, 그리고 새로운 특징들과 더불어 더욱 견고하고 가벼우며 유연해졌다. 비행기 제조 시 사용되는 플라스틱의 양은 대형 여객기의 경우 50퍼센트까지 치솟았다. 뼈대와 모터 부분에만 금속이 남아 있는 수준이다. 나머지는 모두 **플라스틱과 합성재료**다. 합성재료는 자동차뿐만 아니라 현대 주택마저도 점령했다. 단열재와 모든 가구, 생활용품들을 거쳐 문틀부터 도로포장까지 안 쓰이는 데가 없다.

제2천년기의 끝이 다가올 즈음 인간은 걱정에 빠졌다. 너무 많은 부분에서 플라스틱에 의존하는 것이 아닐까 하는 걱정이 아니라, 플라스틱이 부족하지 않을까 하는 우려 때문이었다.

아침에는 플라스틱 포장, 오후에는 나뭇잎 포장

아직 청춘이었던 나는 미래에 대한 자신감을 가지고 1990년대 후반을 모순적으로 보냈다. 사생활과 사회생활을 은밀하게 나눈 것이다. 오전에는 선생님이 되어 남방 국가의 미래 엔지니어들에게 플라스틱으로 포장, 보관, 운송, 상품화될 식품을 가능한 한 작은 규모에서 지역적으로 개발하는 방법을 가르쳤고, 오후에는 연구원이 되어 이 플라스틱이 초래할 악영향을 줄일 방법에 대해 고심하며 미래를 준비했다. 플라스틱이 남방 국가들을 돌이킬 수 없는 지경으로 점령한 정도까지는 아니었지만, 만약 플라스틱이 프랑스와 같은 국가들처럼 나라 안 곳곳에 존재하게 되면 이들이 어떤 문제에 직면하게 될지 충분히 알 수 있었다. 그래서 자연 속에서 언젠가 사라지는 대안 재료를 만들어 플라스틱 쓰레기가 산더미를 이루는 단계를 피할 방법을 고안하려고 애썼다.

나는 당시 열대지방 국가들을 여행하고 탐사하면서 전통 방식의 식품 포장에 푹 빠졌다. 그곳에서는 길거리 음식이나 가공 식품을 팔기 위해 플라스틱의 발명을 고대하는 사람이 없었다. 상인들은 자연이 그 자리에서 제공하는 널리고 널린 재료를 사용했다. 바로 나뭇잎이었다. 태국에서는 거리에서 찹쌀 요리를 사면 바나나 나뭇잎에 싸서 준다. 단순히 옆에 있는 밭에서 잘라 사용하는 것이 아니다. 핫 프레스로 나뭇잎을 그릇 모양으로 만들어 담아준다. 나뭇잎이 천연 방수 그릇인 셈이다. 조각 과일 역시 나뭇잎으로 만든 원뿔 모양 그릇에 담아 이쑤시개처럼 생긴 얇은 나무 막대기로 봉한다. 작고 뜨거운 튀긴 메뚜기 요리도 이 나뭇잎에 담아서 판다.

여행할 때마다 나뭇잎 포장재가 기능이 뛰어나고 다양하다고 느꼈지만, 이 방식은 발전이라는 제단의 제물이 되어 점점 사라지고 있었다. 이런 조상들의 방식은 실제 사용했던 사람들의 기억 외에는 어떤 문서나 목록에도 남아 있지 않다. 그래서 현세대를 마지막으로 사라질 위기에 처해 있다. 젊은 세대에게는 근대성이 필요하다는 윗세대들의 확신에 감동하기는 했지만, 지구 반대편에서 오는 플라스틱 알갱이들이 삶의 질을 높여줄 것이라는 젊은 세대의 확고한 믿음에 나는 머릿속이 복잡해졌다. 물론 나 역시 그 믿음에 일조했지만…. 결국 나는 전통적인 나뭇잎 포장이라는 위대한 유산을 지키기로 결심했다.

나는 나뭇잎 포장에 다시 왕관을 씌워주려고 노력했다. 그러려면 예산과 연구실이 필요했고 전통적 식품 포장에 대한 명확한 과학 자료도 구해야 했다. 조상들의 포장 방식을 고수하면서도 근대성을 갖출 수 있다고 말하면 사람들이 이해할까? 나는 넘을 수 없는 거대한 벽을 마주하고 있었다. 내가 만나는 사람들은 하나같이 나뭇잎 포장에 대한 나의 긍정적인 견해에 관심이 없었다. 당시의 다른 국가들과 마찬가지로 태국인들도 미래는 위풍당당한 플라스틱에게 넘겨줘야 한다고 믿고 있었다. 식물은 그저 과거일 뿐이었다. 그것도 경제성장이라는 거푸집에 맞지 않아 수출도 산업화도 할 수 없는 과거였기 때문에 이 분야의 야심가들이 제안하는 미래와는 맞지 않는 방식이었다.

그래서 나는 우회적인 방법을 썼다. 정면 돌파 대신 나뭇잎과 플라스틱을 슬며시 경쟁 관계로 만들었다. 언어나 민속 풍습을 사라지기 전에 보존하듯이 조상들의 지식으로 쌓은 유산을 보호하자는 주장은 줄였다. 내가 만나는 사람들이 자랑스러워하는 기술 발전이나 경제적 이익에 대해서 의문을 제기하지 않으면 연구에 쓸 보조금을 받을 수 있었다.

보조금은 나뭇잎 포장 연구와 전 세계의 연구자들을 모집하고 코트디부아르와 베냉, 콩고에 작은 연구소를 만드는 데 쓰였다. 포장용 나뭇잎을 재배하는 밭을 찾았고 야생 잎을 오토바이에 가득 담아 전통 용기 시장으로 가져가는 채취자들을 만났다.

나는 브라자빌에서 '뭉겔레'라고도 불리는 쉬크왕그의 포장 기술을 발견했다. 이 지역에서 빼놓을 수 없는 길거리 음식인 쉬크왕그는 반죽해서 만든 카사바 바로, 나뭇잎에 싸서 판다. 포장을 벗겨내고 원하는 소스에 찍어 먹는 방식이다. 하얀 옷에 모자를 쓴 여성 상인들은 능숙하게 첫 번째 나뭇잎을 불에 그슬려 소독하고 카사바 바를 감쌌다. 그리고 또 다른 잎으로 한 번 더 감싼 후 끈으로 묶었다. 쉬크왕그와 접촉하게 되는 첫 번째 나뭇잎은 망군구로, 에센셜오일을 바르면 더 오래 보관할 수 있고 맛도 좋아진다. 두 번째 잎은 방수 역할을 해 부패를 막는다.

많은 열대지방 국가에서 나뭇잎 포장 방식을 볼 수 있다. **포장할 음식의 요건**에 적합한 특징을 가진 나뭇잎을 선택하고 때로는 기대효과를 얻기 위해 여러 겹으로 싸기도 한다. 나는 내용물이 쉬거나 너무 익혔을 경우 나뭇잎 포장지의 색이 변한다는 사실을 알게 됐다. 굳이 다시 열어보지 않아도 한눈에 확인할 수 있는 것이다.

사실 플라스틱은 식품을 보호하는 단순한 역할만 수행하는 셈이다. 다양한 형태와 색깔 또는 투명함만으로 사람들을 유혹하는 것이다. 반면 나뭇잎 포장지의 경우, 완벽한 용기가 갖춰야 할 모든 조건을 가지고 있다. 기능, 저렴한 가격, 가벼움, 지역 생산, 재생산 그리고 생분해까지…. 우리 연구팀이 발견한 나뭇잎 포장은 20년 후에 찾아오는 열광적인 '바이오 경제' 시대에 아마도 과학 잡지와 일부 산업에서는 주목받게 될 것이었지만, 당시에는 이런 고무적인 흐름을 타지 못했다. 우아하지도 화려하지도 않았고 과학이나 기술 발전과도 관련이 없었기 때문이다. 아무도 생분해성의 가치를 몰랐고 플라스틱 쓰레기가 많아진다며 불평하지도 않았다. 다들 플라스틱의 존재 자체만으로도 이미 돈과 시간을 충분히 절약하고 있었다.

의기소침해진 나는 다른 접근 방법을 찾았고 '활성 및 지능형' 포장(Active and Intelligent Packaging)에 관심을 두기 시작했다. 일본에서 크게 성공한 이 방식은 플라스틱 포장에 고도의 기능을 추가한 것으로, 나뭇잎 포장의 오래된 기능들을 저도 모르게 모방한 것이었다.

교토대학교의 초청을 받아 연구자로서 일본에서 보낸 몇 개월 동안 나는 포장이 곧 왕인 세계와 이 첨단 분야에 몸담은 일본 과학자들을 만날 수 있었다.

'활성 포장(Active Packaging)'이란 산소 흡수제를 플라스틱에 혼합해 첨가제 없이 더 오랜 기간 식품을 보호하기 위한 방식이다. 원리는 간단하다. 철 가루가 산소를 흡수하면서 '녹슬어' 식품의 부패를 막는 것이다. 또 다른 포장재에는 식품이 먹을 수 없는 상태로 변하면 유색

의 동그라미 표시가 나타난다. 이 표시만 확인하면 헷갈리지 않고 처
리할 수 있다.

극도로 고도화된 이 발명은 아주 오래전부터 나뭇잎 포장이
가진 효과를 플라스틱에 전달해주었다. 전 세계에 퍼져 있는 십
여 명의 연구자들의 도움을 받아 활성 포장의 동향에 대한 참고
도서를 다시 썼다. 하지만 나뭇잎 포장이 가진 우수한 사례를 공
식적으로 정당하게 평가할 방법이 없었다. 이 주제에 대한 나의
강연에 관심을 보인 사람은 거의 없었고, 가진 자금도 결국 바닥
나버렸다. 우리가 설립을 도왔던 베냉의 코토누에 있는 연구실만
십여 년간 활동을 이어왔다. 연구실은 최근 활동을 재개했다.

1990년대는 첨단기술인 플라스틱이 찬사를 받은 시대이자
조상들의 천연 재료들은 초라해진 시대였다.

내분비계 교란 물질의 위험

같은 시기 일부 연구팀들이, 플라스틱이 생각만큼 인체에 무
해한 것이 아니라는 사실을 발견했다. 해가 지날수록 화학 산업
계는 비밀스러운 실험실 안에서 플라스틱이 인간의 욕망을 채
우도록 무한한 상상의 나래를 펼쳤다. 풍미를 위해 쌀이나 닭에
향신료를 더하는 것처럼 중합체에 다양한 물질들을 첨가하면서
복잡한 요리법들을 고안해낸 것이다.

이를테면 비응결 물질은 포장 내벽에 김이 서리는 것을 막아준다. 그래서 플라스틱 용기에 담긴 채 썬 당근이나 닭의 넓적다리 등 식품의 상태를 쉽게 확인할 수 있다. 플라스틱이 잘 타지 않도록 난연제를 쓴 제품도 있다. 주택의 단열재로 쓰이는 폴리스티렌과 책상을 덮고 있는, 일명 PVC인 폴리염화비닐 등이 우리가 잘 아는 제품들이다.

석유화학 전문가들은 중합체 사슬 사이에 '플라스틱 가공제'를 삽입해 사용하는 내내 더욱 유연한 플라스틱 필름을 만들었다. 이 플라스틱 필름은 더 낮은 온도에서도 물러져 관련 산업의 에너지 비용을 줄여주었다. 한편 정전기 방지제로 계기판이나 음향기기 위에 먼지가 쌓이는 것을 막을 수도 있고, 안정제가 첨가된 PVC 소재 창문은 햇볕이나 악천후를 더 잘 견딘다. 첨가제들이 일종의 피뢰침 역할을 하는 것이다. 중합체 대신 UV나 공기의 공격을 막아줘 수명을 몇 년은 더 연장한다. 또 다른 **첨가제**들은 플라스틱의 강도를 높이거나 산성이나 동결에 대한 내성을 향상시킨다. 색, 광택, 투명성을 위해 사용되는 첨가제들도 있다.

몇몇 물질들은 플라스틱 제품 생산 비용을 줄인다. 재료가 기계 속으로 쉽게 미끄러져 들어가도록 만들어 공장의 생산성을 높이는 것이다. '충전제' 역할을 하는 또 다른 물질들은 원재료의 사용량을 절감한다. 이런 물질들의 위험성을 문제 삼지 않는 분야라면, 창의력은 쉽게 발현된다. 이 물질들은 플라스틱 중합체의 사슬 망에 갇혀 있기 때문에 우리가 먹는 음식과 우리 배

속에서 길을 잃을 일이 없다고 쉽게 생각하는 것이다.

그러나 1990년대에 이르자 과학자들은 진지하게 의심하기 시작했다. 물론 플라스틱의 토대를 형성하는 중합체는 인력이 없지만 조립된 '진주알들'은 목걸이가 되고 목걸이들은 서로를 당긴다. 하지만 여기에 첨가되는 소량의 물질들은 중합체 사슬에 그저 '놓여' 있다. 연구자들은 '자연은 공백을 끔찍이도 싫어하고 균형을 사랑한다'는 간단한 법칙을 발견한 바 있다. 따라서 첨가제는 접촉을 통해 플라스틱에서 식품으로 재빠르게 이동해 양쪽으로 균형 있게 분리된다. 이동 후의 결과는 단지 시간문제일 뿐이다. 이 물질들은 일정량 이상에서는 독성을 띤다. 어느 정도의 양인지는 잘 알려져 있다. 하지만 인간의 건강을 해치는 수준의 양이 식품에서 어느 순간에 발견되는지는 예측할 수 없다.

이처럼 1990년대와 2000년대는 훗날 '건강을 위협하는 포장'이라 불리는 일련의 발견으로 점철된 시기였다. 신문들은 프탈레이트(플라스틱 가공제)가 들어간 용기에 담긴 당분 있는 음료수와 스티렌(폴리스티렌의 잔류 단량체)으로 만든 용기에 든 요구르트, 뚜껑 부분에 있는 PVC 소재 이음새를 방수하기 위한 물질인 세미카바자이드가 사용된 이유식 병 등을 기사의 제목으로 내걸었다.

비스페놀 A의 위험은 플라스틱에 대한 불신을 더욱 증폭시킨다.
BPA로도 불리는 비스페놀 A는 수많은 플라스틱 재료에 화학 시약,

안정제, 플라스틱 가공제로 쓰인다. 가령 젖병에는 폴리카보네이트가, 캔류에는 에폭시 수지가 사용된다. 일부 잉크 성분에도 들어가 있다.

거듭된 연구 끝에 플라스틱 용기에 담긴 음식들이 비스페놀 A(BPA)에 오염된다는 사실이 밝혀졌다. BPA의 위험성은 훨씬 복잡하다. 단순히 해를 끼칠 수 있는 양의 문제가 아니기 때문이다. 비스페놀 A는 인간의 호르몬이 가진 일부 기능들을 따라할 뿐만 아니라 아주 적은 양으로도 위험할 수 있는 기이한 성질을 가졌다. 게다가 이 위험은 결코 당장에 일어나지 않는다. 성인이 되어 발현되거나 다음 세대에서 나타나기도 한다. 가령 임신한 여성이 BPA에 노출되면 아기가 태어날 때 젖샘, 뇌, 행동 그리고 여성 생식기와 신진대사까지 영향을 받을 수 있다. 단순히 포장 때문만도 아니다! BPA는 영수증과 같은 감열지와 치과용 합성 재료에도 쓰인다.

BPA와 같이 호르몬처럼 행동하고 여러 세대를 거쳐 영향을 미치는 첨가제들을 '내분비계 교란 물질'이라고 한다. 물질의 위험성은 그 사용량에 달려 있지, 그 성질 때문이 아니라고 잘못 이해하기 쉽다. 우리는 훨씬 더 복잡한 결과에 직면해 있다. 소량이지만 규칙적으로 섭취해야만 오랜 시간이 지난 후 결과가 나타나므로 어떻게 그 영향을 측정해야 할지 방도를 알 수 없기 때문이다.

걱정스럽게도 이 첨가제들은 모든 플라스틱으로부터 빠져나와 우리의 환경 곳곳에 흩어져 사용 여부와 관련 없이 우리의 건강을 위협한다. 건설 자재나 생활용품 플라스틱에 사용되는 브롬화 난연제는 우리 환경 속에서 먹이사슬을 통해 인체를 오염시킨다.

이러한 위험을 통해 우리는 플라스틱 첨가제가 대부분 우리 환경 속 어딘가에 오래 남아 있고 축적되어 먹이사슬을 통해 결국 인체까지 오염시킬 수 있다는 것을 알게 됐다. 공기 속이나 북극에서도 발견될 정도여서 이 물질들이 어떻게 우리 주변에 쌓이고 흩어지는지 완전히 파악하는 것은 매우 어려운 문제다.

그러면 장기간에 걸쳐 나타나는 위험들을 예방하기 위해 과학자들이 꾸준히 연구해서 나온 지식들을 어떻게 활용할 수 있을까? 불안에 떨고 있는 소비자들과 정치인들에게 이렇게 복잡한 현상을 어떻게 설명해야 할까?

나는 식품 안전을 책임지는 기구에 합류함으로써 서둘러 이 문제들과 대면했다. 맨 처음엔 프랑스 식품환경위생노동청(ANSES)에서 9년 동안 플라스틱과 관련된 인체 유해성에 관해서 연구했다. 그 후 유럽식품안전청(EFSA)에서 유럽 차원의 다학제적 공동 과학 연구를 진행했다. 더불어 유방암과 BPA 노출의 상관관계에 대해 수십 건의 연구를 검토한 기억도 있다. 2006년부터 2018년 사이, 나와 동료들은 비스페놀 A와 멜라민, 나노입자들에 대한 수백 건의 '유럽식품안전청의 오피니언'에 서명을 했다. 유럽식품안전청은 과학적 견해와 조언을 담은 '오피니언'을 발표해 정책과 유럽 법 제정을 지지했다. 그에 앞서 나는 활성 및 지능형 포장과 플라스틱 재활용을 중심으로 플라스틱의 잠재적 위험성을 예방하기 위한 유럽 규제 제정에도 일조했다.

젖병과 보존식품에서 내분비계 교란 물질이 나오면 어떤 일이 벌어질까? 이 문제에 대해서는 프랑스가 앞서 대응했다. 2012년이 되자마자 비스페놀 A를 사용한 식품 포장의 생산, 수입, 수출과 시장 반입을 중단하는 법을 제정한 것이다. 유럽에서는 내분비계 교란 물질 관련 사고가 여러 번 휘몰아쳤다. 거의 15년간 조용할 틈이 없었고, 결국 규제는 더욱 강화되어 식품 포장을 시작으로 감열지와 장난감까지 규제 대상이 됐다.

사업이 위험에 처했다며 볼멘소리를 하던 사업가들이 대응에 나섰다. '프탈레이트 비사용', 'BPA 제로' 같은 문구를 신상품에 붙여 소비자들을 현혹했다. 오염될지도 모른다는 공포심을 안전한 소비라는 논리로 바꾸는 수법이다. 비스페놀 A 대신에 그와 비슷한 종류의 첨가제인 비스페놀 P나 비스페놀 S를 종종 사용하기도 하지만 그 영향은 정확히 알 수 없다. 동종의 첨가제가 덜 위험하다고 여겨지긴 하지만 인체에 미치는 영향에 대해서는 BPA에 관한 연구만큼 진행되지 않았기 때문이다.

20세기 말, 플라스틱 사용에 따른 우려는 첨가제의 수만큼이나 빠르게 확산되었다. 그런 만큼 이를 해결하려는 노력도 뒤따랐다. 우려를 해소할 지식의 필요성은 커지고 점점 복잡해졌

다. 다양한 물질을 동시에 섭취했을 때 나타나는 '칵테일' 효과
는 매우 긴 시간 고찰해야 결론에 도달할 수 있기 때문이다. 보
건 과학이 여기저기서 무수히 소환되고 있지만 이를 위한 예산
도 시간도 부족한 실정이었다. 플라스틱에 대한 욕망과 장기적
으로 나타나는 영향의 위험성을 다루면서 나는 시류를 거스르
는 기분이었다. 이 시대는 경제적 생산성과 기술을 더 중시했기
때문이다. 혁신은, 2005년에서야 프랑스 헌법으로 규정된 소극
적인 '사전예방원칙' 앞에서도 언제나 기세등등하다. 사전예방
원칙은 과학적 지식을 기반으로 결정되긴 했지만 그만큼 관심
이 따르지는 않았다. 의심과 불신은 비록 과학자라 할지라도 젊
은 여성이 주장할 때는 잘 들리지 않는 희미한 고백으로밖에 여
겨지지 않았다.

3

플라스틱의
새로운
엘도라도

인체에 미치는 플라스틱의 영향에 대해 처음으로 우려의 목소리가 들렸을 때 관련 산업은 그들이 부추겼던 중독의 결과에 맞서게 될 거란 걸 감지했다. 전례 없는 연구 국면에 접어들면서 혁신의 물결이 이어졌지만 이런 대응들이 언제나 해결책과 동의어는 아니었다.

투쟁하는 과학자

앞서 잡지 포장지의 조각들이 어떻게 나를 교묘하게 질식시키려 했었는지 말한 바 있다. 이 고통스러운 기억은 아직도 내 목 아래 어딘가에 남아 있다. 후두와 폐에 염증이 생겨 며칠 동안 제 기능을 하지 못했다. 며칠이 지나서야 그 투명한 플라스틱 봉투가 원인이었고 그 때문에 내가 심각한 위험에 처했었다는 사실을 알게 됐다.

실제로 내가 정리하려고 했던 잡지 포장지는 소위 '산화분해성(Oxo-degradable)' 플라스틱으로 만들어졌다. 뒷면에 작은 글씨로 플라스틱 소재라고 쓰여 있었다. 하지만 앞면에는 큼지막한 녹색 글씨로 '친환경 플라스틱'이라고 표시되어 있었다.

플라스틱의 발명 이후로 석유화학 전문가들에게 전투란 더 견고한 플라스틱을 만들기 위해 중합체에 물질들을 첨가하는 것이었다. 하지만 플라스틱이 자연 속에서 오랜 기간 사라지지 않고 점점 쓰레기로만 쌓이자 공장 가동이 중단됐다. 전문가들은 자연 속에서 빠르게 사라지는 플라스틱을 만들기 시작했고 그렇게 '산화분해성' 플라스틱이 탄생했다. 플라스틱에 어떤 물질을 첨가해, 가령 햇볕에 노출됐을 때처럼 더욱 빠르게 분해되는 것이 이 기술의 핵심이다.

몇 년 사이에 농업용 비닐부터 신문과 잡지의 포장지까지 산화분해성 플라스틱에 관한 수천 건의 기사들이 쏟아졌다. 생산업체가 예측한 것처럼 내 사무실에서 창문을 통해 햇볕에 노출된 잡지들은 수천 조각으로 빠르게 분해됐다. 그러고는 나를 질식시키려 했던 거였다.

새롭게 탄생한 산화분해성 플라스틱이 '보이지도 잡히지도' 않는다는 점이 마음에 들지 않았다. 이 플라스틱은 육안으로는 보이지 않을 정도로 미세한 조각으로 빠르게 분해되었다. 현미경으로나 볼 수 있을 정도인지도 모른다. 볼 수도, 알 수도 없다는 사실이 불안했다. 먼지를 카펫 밑으로 치우거나 빈 병들을 찬장 안에 넣어서 안 보이게 할 수는 있어도 사라진 게 아닌 것과 마찬가지다.

플라스틱 때문에 건강이 상한 이후로 플라스틱이 노후화되는 동안의 물리·화학적 반응에 관한 내 연구에 속도가 붙었다. 그후 수개월 동안 나는 세부사항, 불확실한 점 그리고 몰랐던 사실까지 포함하여 내가 플라스틱에 대해 알고 있는 모든 것을 면밀하게 살폈다. 머릿속으로 모든 것을 도표로 구조화하고 그에 따른 결론들을 수용하려고 노력했다. 플라스틱에 대해 가르치고 개선하려 했으며 전문가로서 갖게 된 우려들을 중요하게 생각했지만, 확실히 통찰력이 부족했다.

나는 오래전부터 인지해왔지만 내 전문 영역의 변두리에 내버려둔 것을 명확하게 작성하기로 마음먹었다. 이 일은 나에게 미래의 표본, 즉 미래를 보는 망원경이 되었다. 그래서 모든 폐플라스틱이 저마다의 속도로 분해되어 수천 개의 작은 조각이나 미립자가 되었을 때 그리고 살인적인 먼지가 되었을 때 무슨 일이 일어날지가 주마등처럼 머릿속에 스쳐 갔다. 내가 막 들이마셨던 것은 한두 세기 혹은 그보다 더 빨리 후세에 전달될 플라스틱 쓰레기 수프와 비슷한 것이었다.

다양한 방법으로 해법을 찾아보려 했지만, 그것 외에는 달리 떠오르는 게 없었다.

중합체 목걸이에서 탄소가 유연한 손들을 어쩌다 서로 놓게 되면 작은 조각으로 점차 분리된다. **플라스틱의 노후화**는 촉진제나 지연제와 상관없이 피할 수 없는 과정이다. 단지 시간문제일 뿐이다.

새로운 격전지 앞에서 대개 그러하듯 나는 전술을 세우기로 했다.

① 어떤 현실에 직면하더라도 얼굴을 가리거나 눈을 떨구지 말고 직시할 것.
② 시공간적으로 더 멀리 내다보고 지식인 특유의 근시안이나 눈가리개를 버리고 연구자로서 나 자신의 존재와 개인적 관심사를 넘어서 노력할 것.
③ 상품에 '친환경'이라는 로고가 있더라도 경계하고 별도의 표시가 없더라도 라벨의 작은 글들도 꼼꼼하게 분석할 것.

솔직하게 말해서 이런 결심을 실천하는 데 많은 시간이 걸렸다. 무엇보다 단순하고 즐겁고 가볍게 사는 것을 좋아하는 내 기질 때문이다. 나는 늘 불화가 싫었다. 불화할 화제를 꺼내는 것은 내게 달가운 일이 아니었다. 한창 혈기 왕성한 나이인 당시에도 마찬가지였다. 그런데도 전에 없이 동기부여가 된 나는 심포지엄부터 컨퍼런스까지 기업인들을 만날 때마다 좋지 않은 생각을 버리라고 권하면서 산화분해성 플라스틱을 무찌르는 작전을 수행했다. 만나는 사람에 맞춰 다양한 주장을 펼쳤다. 때로는 사라지지 않는 플라스틱 조각의 위험을 넘어서 산화촉진제의 잠재적 독성에 대해서도 알리고 다녔다.

쉽지 않은 시기였다. 남성 위주의 세계에서 내 주장이 몇 번이나 묵살되었는지 셀 수도 없을 정도였다. 런던에서 열린 '혁신적인 플라스틱'에 대한 심포지엄에서 내 발표 시간의 일부를 산화분해성 플라스틱 생산업체들의 이상적인 논리에 반박하는 데 할애했다. 발표가 끝나자 굴지의 화학 기업에 소속된 한 대표자가 나에게 명함을 건네며 이야기를 나누고 싶어 했다. 얼마 지나지 않아 이 대표자가 나와 단지 저녁을 먹고 싶어서 명함을 건넸다는 사실을 알았을 때 느낀 실망감은 이루 말할 길이 없다.

'옥소(oxo)' 플라스틱이 먼저 저항했다. 2005년 두 명의 하원 의원이 다른 의원들에게 네오삭(Néosac)의 출시를 지지해달라고 요청했다. 네오삭은 산화분해성 가방으로 환경보호 차원에서 장을 볼 때 사용하기에 이상적인 제품이었다. 의원들은 이 제품이 아시아 시장과의 경쟁에서 밀려 수천 개의 일자리를 잃을지 모를 플라스틱 사출 가공 산업을 구할 수 있는 유일한 길이라고 생각했다.

결국 프랑스 국립쓰레기정보센터(CNIID)는 산화분해성 플라스틱의 분화 과정은 빛, 습기, 산소와 온도의 영향을 증폭시키는 두 첨가제로 인해 촉진된다는 사실을 밝혀냈다. 땅속에 있는 미생물이 이 플라스틱 조각들을 흡수할 수 있다는 것을 증명한 이는 아무도 없었다. 어찌 됐든 인간 차원에서 측정할 수 있을 만큼의 기간도 아니었다.

산화분해성 플라스틱은 분해될 수는 있지만, 생분해성을 지넜는지에 대해서는 밝혀진 바가 없다. 산화분해성과 생분해성에는 큰 차이가 없어 보이지만 그 차이는 실제로 굉장히 중요하다. "플라스틱 조각들이 오래 남아 있다는 것을 증명한 적 있나요? 또 그렇다면 얼마나 오랫동안 남아 있나요?" 수천 번도 더 들은 질문이다. 플라스틱 조각들이 사라지지 않는다는 것을 증명해야 하는 사람은 바로 나였다. 정작 플라스틱 생산업체는 플라스틱이 사라진다는 것을 증명하라는 요구를 받지 않았다. 증명 문제를 두고 명백하게 주객이 전도된 경우다. 죄가 증명되지 않았으니 죄가 없다는 견해는 사전예방원칙을 가치 없게 만드는 처사다. 플라스틱의 유죄를 증명하는 것은 끔찍이도 오래 걸리고 어려우며 비용이 많이 드는 과정이다. 유일하게 증명할 수 있는 경제적 수단을 가진 관계자들은 이 위험성을 증명하는 데 관심이 없었다.

마침내 2015년 프랑스는 '녹색성장을위한에너지전환법' 제75조에 따라 일회용 봉투, 산화분해성 플라스틱으로 만든 포장재와 가방의 사용을 금지했다. 3년 후 유럽위원회도 프랑스의 뒤를 따랐다. 소비자의 기대를 기만하는 주장들에도 불구하고 산화분해성 플라스틱이 환경에 긍정적인 효과가 없음을 공식적으로 발표했다.[*] 야외에서, 땅속에서, 하치장에서 그리고 바다에서 적당한 시간 동안 플라스틱 조각들이 생분해된다는 것이 전

---

[*] 유럽이사회와 유럽의회에 제출된 〈산화분해성 플라스틱 봉투를 중심으로 산화분해성 플라스틱이 환경에 미치는 영향에 관한 유럽위원회의 보고서〉(2018).

혀 증명되지 않았기 때문이다.

그런데 맙소사! 이런 조치는 보기보다 큰 효력이 없었다. 프랑스에서 산화분해성 플라스틱의 생명력은 끈질겼다. 이를테면 농업용 비닐은 가방도 포장재도 아니어서 계속 사용해도 무방했다. 규제를 적용하기란 언제나 쉽지 않다. 사용금지법이 제정되고 4년이 지난 후에도 나는 친환경 상품 매장에서 식품 포장을 위한 산화분해성 폴리에틸렌 포장재 두루마리를 볼 수 있었다. 이 포장재는 녹색 바탕에 큼지막한 글씨로 '잔류 독소 없이 자연에서 완전히 분해됩니다'라고 보란 듯이 쓰여 있었다. 며칠 후 내 사무실에 들른 플라스틱 생산 관계자에게 이 두루마리 포장재를 보여줬다. 무심한 듯한 태도에 내가 당황스러울 정도였다. "아! 그 제품은 용케 법망을 빠져나갔군요."

산화분해성 플라스틱의 이런 사례는 관련 연구와 산업 그리고 당국으로 옮겨가며 고착화된 우유부단함을 세 가지 단계로 보여준다. 먼저 연구자들이 소재를 발견하고 혁신시켜 그 성능을 높인다. 산업은 판로를 찾거나 개척할 수 있다는 판단이 서면 이 아이디어를 낚아채고 발전시킨다. 한편 다른 연구자들은 해로운 영향은 없는지 면밀하게 조사한다. 마지막으로 당국이 뒤늦게 관련 지식을 모두 독차지하고 위험성에 대해 발표한다. 그런 다음 허가, 제한, 금지 규제로 이를 시행하고 통제한다.

악순환의 고리는 너무도 길고 꼬부라졌으며 위태롭고 걸림돌도 많다. 압력, 무관심, 기회주의, 무능력이라는 걸림돌들은 모든 과정에서 일을 그르칠 수 있다. 그런 후에야 관련 조치들이 직접적이고 철저해지지만, 여러 분야를 돌고 돌아 결국 시행은 연기되고 업계는 우회로를 만들어낸다. 이를테면 석면의 위험성이 밝혀진 후 프랑스에서 석면이 철저하게 금지되기까지 50년의 세월이 필요했고, 그사이 수만 명의 사람들이 이른 죽음을 맞았다.

전체적으로, 플라스틱의 위험을 막기 위해서 가장 적극적인 태도를 보인 것은 공공기관이다.

바이오플라스틱: 생물로의 회귀

2000년대는 '바이오'라는 접두사가 인기였다. 연료나 플라스틱 앞에 붙여 화석 재료뿐만 아니라 식물성 재료도 사용한다는 점을 강조했다. 사탕수수, 옥수수 녹말, 유채 기름에 마음대로 갖다 붙였다. 연구자들과 기업인들은 석유의 잠재적인 위험성과 그에 따른 우려들을 잠재울 수 있는 마법 같은 해법을 발견했다고 생각한 것이다.

'바이오 경제' 시대가 왔다. 우리가 옛날부터 먹고 거주하며 이동할 수 있게 만든 원천인 농업 자원과 산림 자원은 에너지와 플라스틱으로 전환할 수 있는 '바이오 자원'이 됐다. 물론 석유화학 산업과 제품들도 그대로 보존되고 있다. 이제 와서 나무 상자로 되돌아가는 것은 불가능하므로 이 분야의 거물들을 조금도 흔들 수 없다. 이제는 석유가 아닌 식용작물로 만든 에틸렌을 사용한 상품을 공급하는 것이 중요하다. '무엇보다' 바로 이 자원은 영원히 재생 가능해 플라스틱에 대한 우리의 열망을 채울 수 있다.

중합체의 효용을 유지하고 높인다는 논법은 제법 매력적이다. 당시 꽤 많은 사람이 장바구니 가방을 생산하는 데 밭을 사용한다는 것에 무심했다. 식량 자원의 가격이 급등하리라는 것을 예측하지 못한 것이다.

많은 양의 석유를 소비하면서 그에 따라 배출되는 엄청난 양의 쓰레기를 걱정하느라 석유 부족에 대한 우려가 어느 날 사라지게 되리라고는 상상조차 하지 못했다.

바이오 기반(bio-based) 플라스틱은 어떻게 만들어지는 것일까? 미니어처 레고를 떠올려보자. 이번에는 식물 레고이고 조금 더 복잡하다. 무한소의 세계에서 화학적 방법을 통해 가장 순수하고 풍부한 식물 중합체 목걸이들을 끊어서 옥수수 녹말처럼 단량체 진주알들의 당분 상태로 돌아가는 것이다.* 유능하고 자비로운 옥수수의 당분 진주알들은 미생물에게 식량이 된다. 미

---

* 자연의 중합체 목걸이들은 무한할 정도로 다양하다. 중합체 목걸이들은 그 자체 재료로 구성되어 있기 때문이다. 진주알인 미분자, 즉 미니 레고들만이 지구에서와 마찬가지로 기관들 안에서 순환한다. 살아 있는 유기체는 재료를 분해해 운반한 다음 새로운 곳에서 재조립한다. 음식을 먹을 때와 비슷하다. 소화기관이 음식물을 작게 잘게 부수면 이 조각들은 여러 기관들을 순환하며 자양분이 된다. 그렇게 기관들은 커지고 성장한다.

생물 조련자인 생물공학자들이 신진대사 활동을 최대한으로 이끌어내면 미생물들은 진주알을 에탄올로 전환한다. 발효 미생물이 포도 주스의 당분을 와인으로 바꾸는 것처럼 옥수수 미생물들이 옥수수나 사탕수수에서 추출한 당분을 알코올로 전환하는 것이다. 그러면 화학자는 에탄올 미생물과 물 분자를 분리한다. 그 후 탄소의 두 원자는 두 개의 결합선을 다시 만들고 에탄올은 에틸렌으로 신분을 바꿔 우리의 미키마우스 분자가 된다.

바이오 기반 에틸렌은 석유 기반 에틸렌과 똑같이 만들어진다. 바이오 기반 에틸렌을 잘 구축된 플라스틱 화학 회로에 주입한 후 단량체 진주로 사용하면 이 중합체는 '바이오 기반'이라 불리게 된다. 그래서 '바이오 폴리에틸렌'과 '바이오 PET'는 동종인 '석유 PE'와 '석유 PET'와 구조적으로 같아서 견고하고 유연하며 분해되기 쉽고 자연 속에서도 오래 남아 있다.

플라스틱은 이렇게 요술을 부리며 석유 부족에 대한 우려를 피하기 시작했고 정치계, 경제계, 금융계를 안심시켰다. 그뿐만 아니라 '석유화학'이라는 이름보다 더욱 안심되는 '바이오'라는 접두사로 후광 효과까지 얻었다.

그래서 나는 나뭇잎 포장재 재배지를 포기하고 공식적으로 몽펠리에대학교의 연구실에서 활성 및 지능형 바이오 포장 연구에 몰두했다. 대학 부설로 독립된 작은 팀을 꾸렸지만, 자금이 부족해 매우 느린 속도로 성장했다. 인정을 받거나 눈에 띄는 팀은 아니었지만 우리는 환경에서 플라스틱 식품 포장의 지속성에 대한 지식을 넓혀갔다. 승산이 없는 게임이었다. 우리는 아무것도 없는 데서 시작했는데, 심지어 연구실의 이름조차 제대로 없었다.

바이오 기반 플라스틱의 진보를 주시하긴 했지만, 우리 팀이 자유롭게 결정한 포장 연구 영역에서 바이오 PE나 바이오 PET처럼 끈질긴 바이오 기반 플라스틱들은 단칼에 제외했다. 생분해되지 않는 이 플라스틱들은 석유 기반 중합체들과 똑같은 쓰레기 문제를 낳기 때문이었다.

우리는 또 다른 연구 전선에 관심이 생겼다. 이탈리아를 중심으로 땅에서도 생분해되는 **석유화학 기반의 플라스틱***을 고안한 것이다. 땅속 미생물들은 에틸렌 구조 안에 들어 있는 산소로 중합체 목걸이 조직에 그들의 효소 가위를 삽입해 이를 소화시킨다. 이 중합체는 옥수수나 감자의 녹말 같은 다른 중합체와 혼합되어 반투명의 유연한 필름을 만든다.

그래서 이 혼합물에 녹말 같은 천연 중합체의 비중을 높이는 연구에 협력하기로 했다. 주목할 만한 성과가 없으면 연구는 무의미하다. 우리 팀이 이뤄낸 성과 덕분에 이 플라스틱 필름들은 훗날 대형 마트에서는 사용이 금지된 과일 및 채소용 봉투를 대

• 독일 바스프(BASF)사가 최초로 개발한 폴리부틸렌 아디페이트-코-테레프탈레이트(polybutylene adipate-co-terephthalate), PBAT로도 불린다.

체하게 된다. 당신도 분명 본 적이 있을 것이다. 이 봉투들은 반투명하고 유연하며 가볍고 촉감도 좋을 뿐만 아니라 땅속에서 완전히 생분해된다. 환경 속에서 축적되는 폐플라스틱 조각들에 대한 우려를 정당하게 잠재우는 것이다.

다른 바이오 플라스틱의 '가짜 생분해성'도 우려스러웠다. 바로 폴리젖산으로도 불리는 PLA(Polylactic Acid, 폴리락틱 산)라는 플라스틱이다. 이야기는 바이오 폴리에틸렌과 비슷하게 시작한다. 옥수수 녹말 중합체를 작게 조각낸 후 주로 유전적으로 변형된 미생물에게 먹이가 되는 당분으로 전환하여 단량체를 추출한다. 이 단량체가 바로 (요구르트를 산성화하기 위해 일부 박테리아가 만들어내는 물질인) 젖산(락틱산)이다. 그러면 중합 전문가인 화학자가 젖산 사이를 클립처럼 '붙여' 중합체 목걸이를 만든다. PLA는 60℃ 이상의 온도에서 물러지고 자기를 띠지 않는 것만 제외하면 플라스틱과 판에 박은 듯이 똑같다.

내 눈에 PLA가 교활해 보이는 이유는 실제와 다른 생분해성 때문이다. 박테리아가 PLA를 소화하기 위해서는 이를테면 수개월간 그 숙명의 온도인 60℃ 이상의 환경에 놓여야 한다. 자연 그대로의 온도가 아닌 그 이상의 온도에서 적당한 때에 탄소 순환에 합류할 수 있는 것이다. 그래서 이 플라스틱은 사라지지 않는 플라스틱에도, 자연 상태에서 생분해되는 플라스틱에도 포함될 수 없다.

쓰레기를 배출할 때 이 양면성을 어떻게 이해하고 대처해야 할지 모르겠다. PLA 쓰레기는 비료로 사용될 수 있지만, 여러분의 정원에서 자연스럽게 비료가 되는 것은 아니다. 이 양면성 때문에 나는 PLA를 멀리했고 그 후 북극의 빙하 속에서 기존 플라스틱 옆에 남아 있는 PLA를 발견했다. PLA를 향한 연구자들의 열정은 기업인들의 그것과 가히 다르지 않다. 오늘날 보보족(부르주아와 보헤미안의 합성어로 경제적으로 풍요롭고 자유분방한 젊은 세대를 지칭한다 - 옮긴이)이 주로 사는 지역에서 판매되는 식품은 PLA 용기에 담겨 운반된다. 식기와 컵을 '비료로 사용할 수 있다'는 것은 스무디 병을 '채식'으로 분류하는 것과 같다.

우리 연구팀은 PHAs(폴리히드록시알카노에이트, poly-hydroxy-alcanoates)를 기반으로 한 다른 유형의 바이오 플라스틱에 마음이 쏠리기 시작했다. 하나부터 열까지 미생물로 만들어진 바이오 기반으로, 땅속 박테리아에 의해 전부 빠르고 쉽게 분해된다. 나는 이 플라스틱이 석유화학 플라스틱을 대체할 수 있는 가장 뛰어난 대안이라고 생각했다. 실제로 식품 보관 성능이 훌륭했고 조각 상태로 수세기 동안 남아 있을 위험성도 없었다.

PHAs는 미생물 공장에 당분과 단것들을 영양 과잉과 부족이 번갈아 형성되도록 제공해 얻어낸다. 비축 반응을 끌어내려는 것이다. 굶기로 했다가 참지 못하고 슈크림 빵에 달려들었다가 나중에 죄책감을 느끼며 쓰러질 때까지 다시 굶기로 결심하는 행태와 비슷하다. 혹사당한 모든 미생물은 영양 부족에 대비해 영양 과잉 시기에 영양분을 비축해놓으려는 경향을 보인다. 일정하지 않은 영양 공급 때문에 이 미생물들은 미생물 중합체를 만들어 저장해둔다. 전 세계 곳곳에 있는 생물공학자들이 이 PHAs 생산 과정을 공들여 준비하고 있다.

우리 팀은 프랑스에서는 아직 사례가 적은 활용 범위에 집중했다. 이 포장재를 이용해 식품 손상과 낭비를 줄이는 것이다. 포장재로서의 PHAs의 특징을 연구하면서 밀의 단백질, 카사바 혹은 옥수수 녹말, 짚과 포도나무 가지의 섬유 등 식물이 자연스럽게 합성하는 다양한 중합체의 잠재력을 계속 탐구했다.

천연 중합체는 끝도 없을 정도로 다양하고 복잡하며 가변적이어서, 간단히 말하자면 화학적 합성 혹은 미생물 합성으로 만든 플라스틱 중합체보다 다루기 어렵다. 그러나 자연은 그 효용이 드러나기 전까지 길들일 시간을 준다. 나는 유년 시절 내내 논밭에서 이를 배웠고 나뭇잎 포장이 이를 상기시켰다. 연구실에서 우리 팀은 천연 중합체 성능을 향상시키면서 생분해성을 잃지 않기 위해 큰 변질이 일어나지 않도록 신경 썼다. 마치 식물성 재료를 조작하는 것과 우리가 살고 있는 지구의 생물지구화학적 순환을 존중하는 것 사이에 놓인 팽팽한 줄 위를 걷는 것 같았다. 넘어질 듯 아슬아슬하게 균형을 잡고는 납득할 수 있는 연금술을 찾아서 다시 떠나는 곡예사가 된 듯했다.

우리 팀은 천연 중합체와 PHAs를 혼합하여 식품 포장의 효용과 자연조건 아래 생분해되는 성질 사이에서 최선의 타협점을 찾으려고 노력했다. 성과는 확실하고 빨랐다. 연구하며 보람을 느끼게 될 줄이야.

10년 후 마침내 우리 팀은 공고한 석유 플라스틱을 대체할 수 있는 믿을 만한 대안 재료를 완성했다. 플라스틱 조각들이 사라지지 않을 위험도 제로에 가까운 재료였다. 플라스틱에 빠져 있는 사람들을 속이려는 것이 아니다. 이 재료는 석유 플라스틱의 중합체만큼 투명하지도 질기지도 반짝거리지도 않았지만, 포장과 용기의 기능을 갖추면서 석유 플라스틱을 대체할 수 있는 재료를 찾고자 하는 이들에게는 만족스러운 재료였다.

제3천년기 초반 바이오플라스틱, 바이오 기반 플라스틱, 생분해 플라스틱을 생산하는 공장이 하나둘 들어서더니 점점 많아지기 시작했다. 몇 년 만에 아시아는 바이오플라스틱 생산의 요충지가 됐다. 옥수수, 사탕수수 그리고 인건비가 저렴한 미국과 브라질이 그 뒤를 따랐다.

나는 바이오플라스틱 산업이 발전하는 것을 보면서 걱정이 가시지 않았다. 식용을 목적으로 하지 않는 식량 자원과 경작지 사용은 장기적이면서 범세계적 차원에서 좋은 방향으로 나아가는 것이 아니라는 생각이 들었기 때문이다. 이를테면 브라질에서 사탕수수가 바이오 PET에 사용되면 식용 목적으로 쓰이는 경작지는 그만큼 줄어든다. 플라스틱에 대한 식인귀 같은 욕망 때문에 이런 상황이 일반화된다면 지구의 식량 자원은 현저히 줄어들 것이다. 종국에는 남반구에 사는 많은 사람이 다시 굶게 될 위험에 처할수록 북반구에 사는 사람들은 '친환경' 중합체를 계속 소비할 수 있게 되는 셈이다. 나는 이러한 상황이 모두가 잘살기 위한 지속적인 방향을 찾기보다는 소비사회의 시대적 우려를 잠재울 경제적·정치적 받침대를 만들어주는 일이라는 걸 깨달았다.

나는 다시 고민에 빠졌다. 우리를 둘러싸고 복잡하게 얽혀 있는 소비 방식의 굴레에서 어떻게 벗어날 수 있을까? 인간과 동물의 식량으로 쓰이지 않는 농업 폐기물로 바이오플라스틱을 생산하는 연구를 시작하면서 이 딜레마를 조금은 해결할 수 있었다.

재활용과 상관없이 재활용하세요!

플라스틱의 도전에 맞설 해법들을 찾기 위해 석유화학 분야는 재활용의 세계를 탐색하기 시작했다. 플라스틱의 잠재적 위험으로부터 소비자를 보호해야 한다는 필요성이 점점 더 간절해지면서 나는 유럽식품안전청에서 관련 활동들로 분주했다. 마치 범죄 수사처럼 독물학자, 의사, 화학자, 수학자 등 모든 분야의 과학 전문가들이 총출동한 다학제간 토론자들 사이에서 나는 식품 접촉에 따른 플라스틱의 위생 안전성에 대한 조사를 맡았다. 이를 평가하는 동안 우리는 쓸 만한 과학적 자료들을 전부 고려했다. 집단적이고 대조적인 방식으로 전문가들의 의견과 논문을 모두 분석해서 우리의 견해와 권고사항을 완성했다.

유럽식품안전청에서의 활동은 자연스럽게 플라스틱 안전성에 대한 중요한 하나의 계획이 중심이 됐다. 바로 플라스틱을 재활용하는 계획이었다. 우리의 중합체는 사용 후에도 오랫동안 사라지지 않는다고 비난받는 만큼 재사용할 시간이 넉넉했다. 중합체들이 지구에 남아 있는 한, 무언가에 쓰이는 것이 바람직하다. 가정 내 혹은 외부에서 이불을 세탁한 후 다시 사용하는 것처럼 우리 주변의 유용한 물건들은 대부분 다시 쓸 수 있다. 플라스틱을 조금이라도 덜 생산하기 위해 남아 있는 플라스틱을 재사용하면 벌써 쌓이기 시작한 플라스틱 쓰레기는 줄어들 것이다. 완전히 새로운 생각은 아니었지만, 꽤 마음에 드는 계획이었다.

그때까지만 해도 재활용이 오염을 막기 위한 방법으로 자주 거론되지는 않았다. 오히려 절약을 위한 재사용이 근로자에게서 생계 수단을 빼앗는 것과 마찬가지라며 빈축을 사곤 했다. 새 물건을 사는 것은 국가 고용에 일조하는 것이자 발전과 변화라는 욕망을 수용하는 것과 같았다. 그러나 시대는 변했고 쓰레기 처리가 심각한 문제가 되기 시작했다.

사라지지 않는 플라스틱 조각에 대한 근심이 언제나 뇌리에 남아 있었다. 어떻게 처리해야 할지 몰라 남아도는 이 플라스틱을 '맡아서' 그 위험성을 줄이는 방법은 바로 재활용뿐이라는 생각이 들었다.

여기서도 '그러나'가 등장한다. 플라스틱이 우리가 원하는 형태, 색상, 강도를 모두 충족시키도록 설계된다고 하더라도 깨끗하게 유지되거나 다시 깨끗해지도록 설계되지는 않는다. 설명하자면 이렇다. 이 3차원 중합체 목걸이의 조직은 처음부터 고의로 첨가된 첨가물을 흡수하고 기회만 있으면 다른 물질들도 흡수하는 스펀지처럼 작용한다.

플라스틱은 그 수명이 다할 때까지 표면에 달라붙거나 좋아하는 작은 물질들을 모두 흡수한다. 플라스틱 컵으로 파스티스(아니스 열매로 만드는 식전주 – 옮긴이)를 마신 후 이 컵으로 다른 음료를 마셔도 컵에 아니스 열매 향이 남아 있던 경험이 분명 있을 것이다.

이런 불쾌함을 화학적으로 해석해보면 이렇다. 아니스 향을 유발하는 물질인 아네톨은 플라스틱 컵의 중합체 목걸이 조직에 스며든다. 중합체 미로에 더 깊이 달라붙어 물이나 다른 음료와 접촉하더라도 절대 빠져나오지 않는다. 이러한 과정은 '소수성'(물과 친화력이 적은 성질 – 옮긴이)이라 불리는 물질들에서 일어난다. 즉 플라스틱은 물질들을 깊이 흡수해서 영원히 놓아주지 않는 것이다. 플라스틱을 재사용하려면 사용하는 동안 흡수된 모든 오염물질을 철저히 제거해야 한다. 하지만 쉬운 일이 아니다.

재활용의 문제는 이를 허가하기 전에 완벽하게 안전한지 확인해야 한다는 점이다. 가령 재활용된 플라스틱 물병은 한 번도 사용된 적이 없는 플라스틱 물병과 마찬가지로 소비자 보건법을 준수해야 한다. 석유화학 공장에서 곧바로 나온 플라스틱 재료는 어디에 쓰이는지 알 수 있지만 수천 개의 쓰레기통에서 굴러 나온 플라스틱 재료는 이전에 어디에 쓰였는지 모른다는 위험 요소가 있다.

유럽의 보건당국들은 재활용된 플라스틱의 무해성을 보장하기 위한 지침을 마련하기로 했다. 플라스틱의 첨가제가 식품으로 전달된 사건 때문에 유럽이 들끓고 있었다. 그래서 당국은 사용 후 재활용된 플라스틱의 오염 가능성과 관련된 또 다른 문제가 발생하지 않도록 작은 티끌에도 주의했다. 나는 중합체 내부에서의 물질 이동에 대한 최신 경향을 연구하고 있었기 때문에 재활용 플라스틱의 안전을 연구하는 유럽식품안전청 소속의 신생 연구팀에 자원하여 합류했다.

'재활용'이라는 표현 이면에 숨어 있는 것을 설명해야 할 차례다. 이 단어는 오래된 껌처럼 계속 곱씹어 사용되어 그 성격과 의미가 대부분 퇴색되었기 때문에 공들여 명료하게 설명해야 한다. '재활용한다'는 것은 어떤 물건이 사용 전부터 가지고 있던 특성을 다시 부여해 똑같은 방식으로 다시 사용할 수 있게 한다는 것을 의미한다.

따라서 사용한 제품을 적당한 시간 내에 재생하는, 닫힌 고리 재활용이 중요하다. 재활용 순환 고리는 다양하다. 병을 떠올려 보자. 병 위에는 동심원을 그리는 닫힌 고리들이 있다. 각 고리는 다소 길고 복잡한 재활용의 형태를 보여준다.

첫 번째 작은 고리는 물과 세제로 세척할 수 있다는 표시다. 예를 들면 재사용 플라스틱으로 등록된 병들이 여기에 해당한다. 어릴 적, 할머니가 저녁때 현관 계단 아래에 1프랑과 함께 빈 유리병을 내놓으면 다음 날 이른 아침 맛있는 생우유가 가득 채워진 유리병을 발견하곤 했다. 가장 단순한 **재사용 고리**로 플라스틱 병에는 적용되지 않는다. 다공질 재료로 포함되기 때문이다. 단순히 표면을 세척한다고 해서 처음처럼 깨끗해질 수는 없다.

두 번째 순환 고리는 약간의 시간과 노력이 필요하다. 플라스틱이 흡수한 오염물질의 일부를 완전히 제거하는 것이다. **'기계적' 재활용**으로 불리며 페트(PET)병에 주로 쓰이는 방식이다. 나는 나중에 유럽식품안전청에서 유럽 소비자들의 안전을 위해 페트병 검사를 담당하기도 했다. 기계적 재활용은 잘게 부순 재료를 충분히 가열해 오염시킨 휘발성 미분자들을 증발시키는 것이다. 에어브러시로 박혀 있던 불필요한 미분자를 중합체 조직으로부터 날려버린다. 플라스틱 단량체나 그 목걸이 구조는 훼손되지 않는다.

세 번째 순환 고리는 **'용매' 재활용**으로 재료의 3차원 구조를 분해해 유해물을 분리하는 것이다. 용매에 플라스틱을 담그면 플라스틱 '목걸이들'은 분리된다. 그러면 다시 각각의 스파게티 면이 되고 세척 후 재배열된다. 이 기술에는 다량의 화학적 용매가 필요하고 다음 단계에서 이를 제거해야 하지만 불순물들은 완벽하게 제거된다.

네 번째 순환 고리는 **'단량체' 재활용**으로 미니 레고 더미들을 붕괴시켜 멀리 떼어놓는 것이다. 화학제품이나 박테리아 효소가 목걸이를 공격하면 단량체 진주알들은 서로 분리된다. 불순물을 제거한 후 다시 목걸이로 재조립하는 엄청난 작업이다.

마지막으로 다섯 번째 순환 고리는 탄소 순환으로 **생분해와 광합성**을 이용하기 때문에 제일 오래 걸리지만 뛰어난 방법이다. 여기에서는 땅속 미생물들이 바람, 태양, 습도의 도움을 받아 활동을 시작한다. 탄산가스나 물 분자만큼 작아질 때까지 중합체 목걸이뿐만 아니라 단량체 진주알을 분해한다. 그러면 식물들이 이를 흡수해 자양분으로 삼고 원재료로 다시 탄생시킨다. 이 재활용은 가장 완성도 높고 유일하게 무한 반복할 수 있는 방법이다. 우리의 생태계가 담당하고 있어 우리의 노력 없이도 사계절 내내 규칙적으로 진행된다. 자연환경에서 생분해될 수 있도록 고안된 재료를 제외한 다른 플라스틱에는 이 마지막 순환 고리가 적용되지 않는다. 주요 성분으로 되돌아가려면 수년은 걸리기 때문이다.

산업과 유럽식품안전청이 관심 있는 방법은 두 번째 '기계적 재활용'이다. 실제로 이 기술은 매우 간단하고 비용이 적게 들어 엄청난 양의 플라스틱 쓰레기들을 처리하는 데 효과적이다. 먼저 플라스틱을 분리하고 조각내서 재빨리 물로 세척한다. 그 후 거대한 뜨거운 솥에 넣어 오염물질을 증기로 바꾼 다음, 가스나 펌프를 이용해 플라스틱으로부터 쓸어낸다.

유럽식품안전청 연구팀에서 우리의 사명은 '기계적 재활용'이라는 산업기술이 휘발성 오염물질을 플라스틱으로부터 완전히 제거해 최종 재료가 식품에 직접 닿아도 안전 규범을 준수하는지 확인하는 것이었다.

우리는 이내 작업의 규모와 난도에 숨이 막혀버렸다. 세척할 때 플라스틱은 더 이상 매력적인 재료가 아니었고 중합체 목걸이들은 오렌지 주스 분자들과 사랑에 빠져 손을 놓으니 깨져버렸다. 게다가 기계적 재활용은 '작은' 분자, 가장 가벼운 분자, 열이 가스로 변환시킬 수 있는 분자만 제거하고 위험물질일 수 있는 무거운 분자들은 제거하지 못한다. 구체적으로 설명하자면, 여러분이 폐유를 담았던 플라스틱 병을 무해하게 만들려고 한다면 결코 성공하지 못할 것이다. 내가 재활용하기 위해 준비해둔 용기가 다 쓴 건전지와 함께 쓰레기통에 있었다면 수은 냄새가 날 것이다. 기계적 재활용에서 중금속은 제거되지 않기 때문이다.

우리는 결국 연구를 PET 재활용에 국한하는 데 동의했다. 가장 단단하고 자기를 띠지 않으면서 널리 쓰이는 플라스틱이라서 깊숙이 오염될 가능성이 가장 작기 때문이다. 이 중합체 목걸이 조직은 표면만 오염되어서 다른 플라스틱보다 세척하기 쉬울 것 같았다. PET는 또한 첨가제를 가장 적게 함유하고 주로 음료 포장재로 쓰여서 사용한 병의 내력을 쉽게 파악하고 검사할 수 있다는 장점이 있다.

그래서 우리 연구팀의 목표는 사용한 병에서 나오는 잠재적인 위험 물질이 재활용된 PET 안에 담긴 식품을 오염시키는 확률을 납득할 만한 수준으로 줄이는 것이었다. 0퍼센트라는 위험률은 존재하지 않는다. 유입되는 재료의 특성, 제염 과정의 효율성, 재활용된 플라스틱의 최종적인 용도라는 세 가지 기준을 먼저 고려했다. 예를 들어 영아들이 쓸 우유병을 만든다면 제염 수준이 매우 높아야 한다. 영유아를 포함한 성인보다 취약한 이들의 안전을 보장하기 위해서이고, 플라스틱 병에 든 우유가 때로는 소비량이 월등히 높은 만큼 오염물질에 매우 취약해지기 때문이다.

산더미처럼 쌓인 복잡한 산술을 거쳐, 식품을 제외한 제품의 포장재에서 온 PET의 함유량을 5퍼센트로 제한하는 간단한 필수 요건을 구상했다.

연구 결과에 나는 굉장히 흥분했다. 식품용 PET를 매립지에 쌓거나 소각장에서 태우는 것이 아니라 재사용이 가능하게 만들었기 때문이다. 종이나 유리처럼 순수한 원재료를 찾아다니지 않아도 쓰레기 더미를 줄일 수 있게 된 것이다.

PET 재활용에 대한 지침들을 구상하고 기업들에 배포할 정보 목록을 만든 후 우리는 허가 요청을 평가하는 단계까지 도달했다. 기업들이 식품용 PET의 기계적 재활용에 대한 보유 기술을 제안하면 우리가 이를 평가하는 것이다. 우리는 시간에 쫓겼고 평가해야 할 서류 더미들은 분초를 다투며 우리를 위협했다. 우리는 가진 정보들을 각각 철저하게 조사하고 분석했다. 의견을 작성할 때는 오래 숙고한 후에 말들을 골랐다. 유럽식품안전청 사무실이 있는 파르마에서 유리빌딩에 갇힌 채 몇 날 며칠을 자료 하나에 매달리기도 했다. 커피 맛은 형편없었고 매력적인 이탈리아와 '돌체 비타'는 회의실 저 멀리에 있었다. 우리는 확률 하나를 놓고 지칠 줄 모를 정도로 토론했고 한 문장을 백 번도 넘게 수정하기도 했다. 유럽식품안전청의 동료들과 나는 긍정적인 기술 평가서를 50건 정도 제출했다. 재활용된 PET의 오염 확률은 현저히 낮아서 소비자 건강에 유의미한 위험은 없다고 평가하며 그 이유에 대해 설명했다.

그 임계점은 차후에 도래할 것이다. 기계적 재활용이 제약 없는 공정이 되어서 플라스틱 병은 절대 쓰레기가 되지 않는다고 믿게 하려는 데 활용될 때 말이다. 이를 위해서는 PET가 반드시 사용 제염이라는 순환을 여러 차례 견딜 수 있고 재활용의 범위가 모든 플라스틱으로 확장될 수 있다는 점을 증명했어야 했다. 우리는 그 정도 수준에 이르지 못했다. 당시의 지식 수준에서는 원래 상태로 돌아갈 수 있고 소비자에게 유해하지 않은 유일한 플라스틱 포장재는 페트병뿐이었다. 그것도 단 한 차례 재사용됐을 때만 안전을 보증할 수 있었다. 나중에 나는 이 사실을 여러 차례 곱씹어야 했다. 이 부분은 뒤에서 다시 다룰 것이다.

나노와 날개

당시 연구원들이 연구실에 틀어박혀 무한소의 세계에 있는 원시적이고 순수한 재료의 영역을 찾는 데 골몰하고 있었을 때 그들의 뉴런을 자극하는 또 다른 지식의 원천이 있었다. 바로 나노의 세계다.

자에 표시된 1밀리미터를 1,000으로 나눠보자. 그러면 마이크로미터가 된다. 햇빛 속에서 볼 수 있는 먼지들의 크기와 비슷하다. 이 작은 먼지를 다시 1,000으로 나눠보자. 그러면 여러분은 처음 보는 기술의 엘도라도에 빠지게 된다. 바로 나노미터의 차원 말이다. '나노'는 그리스어로 '난쟁이'란 의미다. 인간과 **나노입자**의 크기를 비교하자면 대략 지구와 오렌지의 크기 차이와 비슷하다. 우리는 나노 차원에서 원자들을 하나하나 조작할 수 있다.

플라스틱과 마찬가지로 20년 후인 1986년 하인리히 로러 (Heinrich Rohrer)와 게르트 비니히(Gerd Binnig)가 노벨상을 공동 수

상하며 나노기술의 포문을 열었다. 10년 후에는 탄소 원자 60개를 축구공 모양으로 배치한 세 명의 연구자들이 노벨화학상을 받았다. 연구 분야에 이어 산업계가 무한소의 세계로 빠르게 진입했다. 나노튜브, 나노섬유, 나노스피어, 나노케이지, 나노시트는 재료를 파괴하든 다른 원자와 조립하든 섬세하게 조작된다. 이 나노물질들은 탄소, 규소 그리고 금, 알루미늄, 카드뮴, 셀레늄, 세륨, 철, 티타늄과 같은 금속으로 구성된다.

이런 재료 조작을 통해 같은 질량이라도 모든 특성을 증폭시킬 수 있고 모든 산업에도 적용할 수 있다. 어떤 재료든 그 특성들을 축소하거나 확대할 수 있게 된 것이다.

성게 가시, 뼈, 조개껍데기 등 생물들은 자연 속에서 대단히 정교한 나노 구조를 만든다. 인간은 이름도 모른 채 나노 구조의 혜택을 받기도 하고 고통을 받기도 했다. 예를 들어 인류는 오래전부터 찜질을 하기 위해 효험 있는 점토를 사용했다. 점토를 구성하는 이산화규소의 표면에는 나노 크기의 박막들이 펼쳐져 있는데, 이 판들이 불순물을 상당량 흡수하기 때문이다. 인간은 혜택을 받는 대신 대가도 치렀다. 석면의 뛰어난 단열 효과 뒤에는 폐 조직을 관통할 수 있는 초극세사(nanofibril)가 숨어 있었기 때문이다. 동전의 양면 같은 것이었다.

당시에 연구원들이 집중한 것은 동전의 긍정적인 측면이었다. 보건, 에너지, 환경, 교통, 커뮤니케이션 등 나노 차원에서 재료들을 적용할 수 있는 분야가 무궁무진했기 때문이다. 하드디스크와 성능은 같지만 처리 속도가 수백만 배 빠른 마이크로칩이 있다면 어느 컴퓨터 개발자가 혹하지 않을 수 있겠는가? 나노 로봇을 인간의 몸속에 넣어서 고통 없이 기관들을 살피고 문제가 있는 장기를 치료할 수 있다는 이야기를 들었을 때 우리는 귀를 쫑긋했다. 이를테면 의사는 개복 없이도 철로 만든 나노입자를 종양으로 보내 외부에서 내시경 마이크로파로 종양을 가열해 제거할 수 있게 된 것이다.

창조적 번영의 국면에 접어들었고 플라스틱은 이 축제에 끼어들었다. 플라스틱은 나노입자가 아닐 때도 중합체 목걸이 조직 안으로 나노입자들을 흔쾌히 받아들이고 내보내지 않았기 때문이다. 방법을 잘 알고 있는 만큼 빠르게 나노 관련 지식도 제 것으로 삼았다. 플라스틱은 나무, 유리, 삼 그리고 다른 플라스틱의 마이크로 합성섬유와 결합하여 '마이크로 합성재료'라 불리는, 더 가볍고 견고하며 저렴한 새로운 재료가 됐다. 마이크로 합성재료는 우리의 취미, 교통, 집의 모든 물건들을 이미 점령했다.

나노는 다른 재료들의 힘을 증폭시키기 때문에 소량만으로도 현저한 효과를 얻을 수 있다. 플라스틱은 이런 나노 합성의 등장에 힘을 얻게 된다. 철보다 백 배는 더 견고하고 여섯 배 더 가벼울 뿐만 아니라 규소보다 전도성이 일흔 배나 향상된 탄소 나노 튜브로 플라스틱이 더욱 풍부해진 것이다.

늘어난 플라스틱의 쓰임새에 어안이 벙벙해졌다. 이제는 주택, 스포츠 시설, 악기, IT에까지 침범한 것이다. 플라스틱은 범퍼, 차체, 방탄조끼를 전보다 더 가볍고 견고하게 만들었다. 자동차와 비행기는 가벼워졌고 더 적은 연료로 더 높이 더 빠르게 달리고 날았다. 매체에서 막 거론되기 시작했던 자동차와 비행기의 탄소 발자국에 대한 관심은 그만큼 줄어들었다.

거리가 단축되면서 새로운 세상들이 열렸다. 겨우 몇 년 만에 솔라 임펄스(스위스에서 개발된 친환경 태양광 비행기 – 옮긴이)가 합성재료를 통해 기존 글라이더보다 네 배는 더 가벼워지고 날개의 밀도는 두 배나 낮아졌다. 태양에서 에너지를 얻는 이 비행기는 오직 태양에너지로만 나는 광적인 꿈을 구체화하게 된다.

에너지 분야에서 나노 합성 플라스틱들은 풍력 터빈을 더욱 가볍고 튼튼하게 만들었다. 광전지는 더욱 저렴해졌고 규소가 필요했던 전지보다 오염물질도 덜 생산했다.

은 나노입자는 벽화에서부터 변기 덮개를 거쳐 수술대까지, 의료계에서 사용하는 모든 플라스틱에 진입해 병원 내 감염을 막고 있다. 젖병의 젖꼭지, 냉장고 내벽 그리고 성인용품의 표면에까지 스며들어 박테리아의 전파를 억제한다.

한편 식품 포장에서 플라스틱은 나노기술 시장의 4분의 1을 빠르게 독식하게 된다. 플라스틱에 고정된 클레이 나노시트는 산소와 같은 미립자를 곧바로 관통하는 것이 아니라, 요리조리 피하게 만들면서 미립자의 이동을 지연시킨다. 그래서 유리보다 가벼우면서 음료도 포장할 수 있는 플라스틱 병에 맥주를 담을 수 있게 된 것이다.

나는 흥미진진한 나노의 모험담을 외면할 재간이 없었다. 우리는 이 신기술을 우리의 생분해 플라스틱에 접목해 더욱 뛰어난 성능과 경쟁력을 갖추고 인체와 환경에 더욱 이로운 플라스틱을 만들기 위한 대규모 프로그램을 기획했다. 생분해 플라스틱은 클레이 나노시트와 철 나노입자가 풍부해 공기 중의 산소를 잡아둘 수 있었다. 나노기술을 공부하는 비슈누라는 학생이 PHA 필름에 나노입자를 씌우기 위해 인도에서 왔던 기억이 난다. 나노입자를 첨가한 덕분에 포장재는 식품의 산화를 늦출 수 있었고 소비 기한도 늘어났다. 우리의 바이오 포장재는 그렇게 시간과 싸우는 활성 및 지능형 포장재가 된 것이다.

세기가 바뀌던 무렵, 플라스틱 세상은 낙천가들로 넘쳐났다. 신기술들이 모든 플라스틱 제품의 가능성을 넓혔고 그에 따른 피해는 줄이려고 애썼기 때문이다. 기업, 연구진, 의료진, 소비자 그리고 정치인들은 우아한 만장일치 아래 바이오 경제와 재활용 그리고 나노기술이라는 엘도라도를 향해 저돌적으로 달려들었다.

4

모든
것이
빠르게

탄소 발자국에서 플라스틱 발자국까지

2015년의 어느 날이었다. 날씨는 화창하고 여름이 다가오며 자연이 깨어나고 있었다. 나는 남편과 함께 조상들의 마을에서 사방으로 흐르는 강가를 거닐러 나갔다. 우리는 강을 따라 난 길에서 다가오는 한 무리의 사람들과 마주쳤다. 열댓 명의 나이가 지긋한 사람들이었는데 즐겁게 트레킹을 준비하고 있었다. 하지만 나는 이들을 보자마자 웃음을 참을 수가 없었다. 하나같이 스포츠 액세서리들로 무장하고 있었기 때문이다. 두툼한 워킹화에, 겨드랑이, 엉덩이, 가슴까지 구석구석 몸에 꼭 끼는 반바지와 워킹용 셔츠를 입고 있었다. 특히 사타구니 부분은 입체적으로 강조되어 있었다. 머리에는 안면 보호대를 끼고 팔뚝에는 두꺼운 밴드로 고정한 GPS 전화 같은 것이 붙어 있었으며 등에는 작은 인체공학적 가방을 메고 있었다. 또 이 가방에는 유색의 물통을 압박대로 매달아놨고 물통에 달린 호스처럼 생긴 빨대는 관자놀이까지 이어져 있었다. 그리고 다들 손에 등산용 지팡

이를 쥐고 있었다.

우리는 그들을 지나쳐 계속 걸었다. 조금 더 걸어가자 라봄(아르데슈 지역에 있는 협곡-옮긴이)의 아름다운 협곡이 눈앞에 펼쳐졌다. 더 잘 보고 느끼고 듣기 위해 나는 걸음을 늦췄다. 보고 있자니 좀 전에 마주쳤던 트레킹 부대가 갑자기 생각났다. 그들은 엄청난 장비들을 구입해서 입고 짊어진 채 걷고 난 다음에는 다시 차고에 정리해둘 것이다. 샌들과 가벼운 옷차림이면 이 절경을 감상하기에 충분한데도 마치 군인처럼 갖춘 그 장비들이 거추장스럽지 않은 걸까? 이런 장비를 갖추는 것만으로도 즐거운 걸까? 내 기준에서는 이런 장비들은 그저 합성 플라스틱일 뿐이다. 하지만 스포츠 장비들은 플라스틱의 가벼움을 숭배한다.

해변이나 물가에서도 마찬가지다. 주변에서 물놀이 장난감, 튜브, 수경, 공, 파라솔 등을 보면 갖고 싶은 충동을 억제하기 어렵다. 스키장은 말할 것도 없다. 스포츠용품 판매점들은 우리의 이러한 감정을 구체화한 플라스틱 제품들을 팔면서 무병장수할 수 있다는 인식을 심어준다. 이 제품들을 버리는 그날까지. 부자 중에서도 부자들은 호화 요트에서 플라스틱에 둘러싸여 휴가를 보낸다. 사회적 성공은 여름 내내 코발트 빛 바다 한가운데서 둥둥 떠 있는 거대한 플라스틱에 따라 가늠된다고도 볼 수 있다.

어느 것도 플라스틱의 영향에서 벗어날 수 없다. 해양 환경 보호주의자인 한 여성 항해사는 바람의 힘으로 항해하기 위해 만들어진 다양한 플라스틱 재료들로 치장한 덕분에 대회에서 우승하기도 했다. 물 위나 땅 위 혹은 공중에서 활주하는 스포츠의 매력에 빠진 이들은 동체의 성능을 향상시키고 냉혹한 자연환경에 맞서며 나아갈 수 있는 합성재료를 사용한다. 이 분야의 스포츠인들이 (서프라이더 재단 같은) 환경 보호단체를 만들었지만, 나무 갑판이나 삼으로 만든 로프, 아마로 만든 돛을 사용하는 것과는 너무도 다른 이야기다.

활주 스포츠의 강렬한 기분을 추구할 필요도 없이 장을 보기만 해도 우리는 충분히 플라스틱에 둘러싸여 있다는 것을 알 수 있다. 마트에서 집으로 돌아와 포장지를 모두 벗겨 쓰레기통을 채우고 난 뒤 또 햄 용기를 열어 쓰레기를 만드는 것은 그리 달갑지 않다. 그래서 우리는 동네 하치장에 서둘러 내다 버린다. 눈에서 멀어지면 마음에서도 멀어진다는 듯이! 하지만 집 안에 남은 기분 나쁜 악취가 우리를 따라다닌다. 잠깐이면 눈앞에서 사라질 이 쓰레기들은 어떻게 되는 걸까?

프랑스의 경우, 한 사람이 평생 배출하는 플라스틱 쓰레기의 양이 5톤에 달한다. 플라스틱은 우리 집 안의 가장 내밀한 곳까지 구석구석 점령하고 있다. 용기가 있다면 집으로 돌아가 플라스틱 제품의 목록을 작성해보라. 바닥, 창문, 찬장, 가정용품, 화장품, 전화기, 노트북…. 실체가 없는 디지털도 실제로는 완벽하게 물질화되어 있다! LED 조명, 파이프, 전선 등 셀 수 없이 많을 것이다. '악마는 디테일에 있다'는 말처럼 플라스틱은 정부에서 보조하는 저에너지 주택의 효율성 뒤에도 도사리고 있다.

플라스틱 쓰나미는 심지어 내가 일상에서 자주 쓰는 물건들마저도 날려버렸다. 몽펠리에 있는 상점에서 만난 두 젊은 여성 점원이 떠오른다. 내가 나무로 만든 빗이 있는지 묻자 점원들은 눈을 동그랗게 뜨고 되물었다.

"나무로 만든 거요? 게다가 털이 달렸다고요?"

"네, 손잡이는 털이 아닌 나무로 되어 있고요. 털은 돼지 털을 사용한… 여기 미용용품점 아닌가요?"

두 점원은 낮은 목소리로 잠시 서로 이야기를 나누더니 그중 하나가 단호하게 말했다.

"그런 건 없는데요!"

갑자기 미래에 내던져진 기분이었다. 나무로 만든 빗은 없었다. 점원들은 나를 보고 '이 할머니 도대체 무슨 말을 하는 거지?' 하고 생각하는 듯했다. 나는 나무 빗을 포기하고 플라스틱 빗을 사서 나왔다. 솔직히 쉰 살이면 그리 늙은 것도 아니지 않나?

이런 건 전 세계 어디에서나 볼 수 있는 풍경이다. 나노기술을 공부하는 비슈누는 인도로 돌아가 동네를 산책하고 있었다. 카르다몸, 생강, 정향 향이 나는, 우유로 만든 캐러멜색 차인 '차이'를 한 잔 마시려다 15년 전 일이 떠올랐다고 한다. 거리에서 차를 파는 한 상인이 그에게 따뜻한 차이를 테라코타로 만든 작은 잔에 담아주었다고 한다. 그런데 그 잔은 형태가 고르지 않았고 도공의 손가락 모양도 찍혀 있었으며 구울 때 난 균열도 보였다. 비슈누는 차이를 마시고는 십억 명의 인도인들이 그러하듯 몇 번 못 쓰는 그 잔을 도랑에 던져버렸다. 잔은 비가 오는 어느 날 쓸려 내려가 다시 흙이 되고 자연의 거대한 순환에 합류했을 것이다.

그런데 대대로 내려온 이 테라코타 컵이 2000년대부터는 플라스틱 컵으로 바뀌었다. 행상인은 플라스틱 컵이 너무 얇아서 비슈누가 손가락을 데지 않도록 컵 2개를 겹쳐서 건넸다. 이렇게 신경을 써도 컵은 차의 열기 때문에 변형됐다. '플라스틱' 냄새는 향신료 냄새에 겨우 사라졌다. 빈 플라스틱 컵은 도랑에 버려졌다. 분명 도랑에는 다른 플라스틱들과 온갖 쓰레기들이 쌓여 있다가 거리의 오물과 함께 떠내려갈 것이다. 근처에 쓰레기통이라도 있었다면 비슈누도 당연히 쓰레기통에 버렸을 것이다. 플라스틱 컵은 점점 멀어져 어쩌면 비슈누 부모님 집 근처에 있는 쓰레기 더미에 도착할지도 모른다. 그러면 쓰레기 냄새가 고약하고 강물이 탁해졌다며 모두가 골머리를 앓게 될 것이다.

플라스틱 중합체의 매력에 빠지지 않은 국가는 단 하나도 없다. **생산**과 그에 따른 **소비**는 전 세계적으로 1950년 200만 톤에서 2018년 3억 5,900만 톤으로 급상승했다. 1초당 생산되는 양이 11톤인 셈이다!* 인간이 만드는 다른 재료를 모두 합쳐도 이보다는 적다.

- 출처 : 카르비오(Carbios)와 플라스틱유럽(PlasticsEurope)

가장 많이 소비되는 플라스틱을 꼽자면 PE(폴리에틸렌), PP(폴리프로필렌), PET(폴리에틸렌 테레프탈레이트)가 식품 포장에 주로 쓰이고 PVC(폴리염화비닐)는 건설에 주로 쓰인다. 그 외에도 전자, 교통, 의복 분야에서도 다양하게 활용된다

현대 지구인은 평균적으로 **해마다 자신의 몸무게만큼의 플라스틱**을 소비한다. 매년 68킬로그램 정도다. 북방 국가에서 태어났다면 그는 포만감을 모르는 왕성한 소비자다. 미국, 독일, 프랑스, 벨기에, 이탈리아처럼 가장 부유한 국가에서는 국민 한 사람이 매년 사용하는 플라스틱의 양이 100킬로그램으로 3,000개의 물병, 2,000제곱미터의 필름(50마이크로미터 두께의 폴리에틸렌 필름을 말한다), 1,000장의 티셔츠와 같은 무게다. 에티오피아, 탄자니아, 예멘, 리비아에 사는 지구인은 그보다 20분의 1인 5킬로그램을 매년 소비한다. 인간의 생명과 비교해보자면 더욱 아찔해진다. 전 세계에서 1초당 2.7명의 아이들이 태어나는데 이때마다 4톤의 플라스틱도 같이 생산되는 셈이기 때문이다.

여러분이 새로 구매한 차에 처음 타는 상황이라면, 여러분은 2년 이상의 플라스틱 평균 소비량에 자랑스럽게 앉아 있는 것이다. 여러분이 새집에 들어갔다면, 15년의 평균 소비량을 단번에 써버린 것이다. 여섯 식구인 우리 가족은 매년 각자 연간 소비량의 1년 반을 투자해 팔라발레플로(Palavas-les-Flots) 항구에 정박해 있는 10미터짜리 범선을 타고 지중해를 항해한다. 우리 항해의 탄소 발자국이 제한되어 있다 하더라도 플라스틱 발자국은 계

산되지 않는다.

총량을 계산해보면 1950년대부터 90억 톤 이상의 플라스틱이 생산됐다. 이 어마어마한 양의 절반 정도는 최근 20년 동안 만들어졌다. 플라스틱 생산과 소비는 그칠 줄 모르고 증가하는 중이다. 우리의 생활 방식을 서둘러 바꾸지 않는다면 2050년에는 300억 톤의 플라스틱이 생산될 것이다.

우리가 지구를 떠난다면 수백 년 동안 수천 킬로그램의 플라스틱이 우리를 따라올 것이다. 우리가 우리의 아이들뿐만 아니라 다섯 세대 혹은 열 세대 후에까지 남긴 가장 명백하고 분별없는 유산이다.

지구에서 생산되는 매 킬로그램의 새 플라스틱은 수세기 동안 남아 있다. 사용 기한과 우리의 수명은 플라스틱의 **지속성**을 이기지 못한다. 플라스틱이 탄생한 이후로 90억 톤의 플라스틱 중에 25억 톤은 사용 중이고 5억 톤은 소각되었다. 남은 60억 톤 이상의 플라스틱은 전 세계에 재고로 쌓여 있다. 바다를 포함해 지구 표면에 제곱킬로미터당 플라스틱 10톤이 쌓여 있는 셈이다.

분명히 해두자. 부모 세대가 이루어놓은 진보를 물려받지 않는 사람은 배은망덕하다며 가난한 이유가 그 벌을 받아서라고 믿는 비관적인 사람, 옛날이 더 나았다며 향수에 취한 사람만큼 나를 화나게 하는 것도 없다. 전에는 도대체 어땠길래 그러는 걸까? 사실 예전엔 대부분의 사람이 젊은 나이에 죽고, 배고프고, 추위에 시달리며, 아프고, 고되게 일했다. 조부모님은 부모님보다 10년은 더 빨리 돌아가셨다. 도시에 사는 나의 삶을 농촌에서 살았던 그들의 삶과 절대 바꾸지 않을 것이다.

내가 나무로 만든 빗을 사러 간 이유는 유년기에 대한 향수 때문이 아니다. 단순히 머리카락에 정전기가 생기는 것이 싫어서 중합체의 대체품을 찾은 것뿐이었다. 저렴한 석유화학 제품 재고를 유통시킬 목적이 아니라면 산업계와 상점들은 왜 내 취향에 맞지 않는 플라스틱 제품을 강요하는 것일까? 내 아이들의 건강에 좋다는 대중적인 명령을 따르려는 것이 아니라면 나는 왜 수돗물을 쓰지 않고 집까지 플라스틱 물병을 힘들게 옮기는 것일까? 포장되지 않은 빵이 있는데도 나는 왜 플라스틱으로 포장된 빵을 사는 것일까?

플라스틱은 우리에게 훌륭한 진보를 선사했지만 우리는 플라스틱이 제공하는 혜택, 특히 즐거움에 제한을 둘 줄 모른다. 우리는 후손들의 행복을 저당 잡은 채 주변 사람들을 제쳐두고 생활용품들을 관리하는 데 많은 시간을 보내고 있는 것이다. 플라스틱은 분명 그 창조자들의 의도를 벗어났다. 우리가 열광하고 있는 플라스틱은 두 세대 만에 우리에게 진보를 안겨줬다. 그리고 이 진보는 점점 전염성 강한 중독으로 바뀌고 있다.

우리를 넘어선 재료

우리는 심지어 우리가 존재하기 이전에 다른 사람들이 소비했던 플라스틱의 영향도 이미 경험했다. 길에서 마주치는 것은 현대인인 당신이 사용한 플라스틱만이 아니다. 농사를 짓는 당신의 아버지가 젊은 시절 밭에서 아끼지 않고 사용한 필름과 당신의 어머니가 구석진 쓰레기 하치장까지 조심스레 가져온 식품 용기들 그리고 당신의 삼촌이 작은 창문으로 마음껏 내던진 4리터짜리 병들도 발견할 수 있다. 어쩌면 내가 1974년에 길가에 버려야 했던 젤리 슈즈를 볼 수도 있다. 험하게 쓰이고 찢기고 분해되어 땅, 바람, 비 그리고 동물과 인간에 의해 흩어진 플라스틱은 밭, 해변, 물가 그 밖의 다른 곳에서 형체를 알아보기 힘든 조각이 되었고, 오늘날 우리가 이를 발견하기 시작한 것이다.

플라스틱은 질긴 수명 동안 천천히 점점 작은 조각으로 분해된다. 아마도 우리는 분해의 초반 과정을 눈으로 좇을 수도 있겠지만 그다음 과정은 우리를 재빨리 피해갈 것이다. 우리의 시야는 정확하지 않고, 특히 지구에서 우리가 보내는 시간은 매우 짧기 때문이다. 이 장을 통해 당신은 22세기를 냉동인간으로 보내지 않고도 당신이 사용한 플라스틱에 무슨 일이 생기는지 알게 될 것이다.

플라스틱과 함께 그 계보를 따라가려면 먼저 당신의 증조모를 떠올려보라. 당신은 다락방에 있는 삐걱거리고 곰팡내가 나는 장롱에서 증조모의 진주 목걸이를 발견한다. 과거의 향수에 취해서 목걸이를 집어 들고 차보려고 한다. 손으로 목덜미에 있는 걸쇠를 더듬더듬 찾는 동안 갑자기 티셔츠 위로 목걸이가 부드럽게 떨어지는 것을 느낀다. 동시에 진주알들이 바닥에서 튀어 오르는 소리가 들린다. 먼지 속에서 무릎을 꿇은 채 실에서 떨어져 나간 진주알들을 필사적으로 찾는 모습을 상상해보자. 모든 일이 순식간에 벌어진다.

플라스틱 중합체의 사슬은 천천히 분해된다. 굉장히 느려서 수세기가 걸릴 정도다. 그러나 그 결과는 변함없다. 플라스틱 조각은 매우 작아서 우리의 통제를 벗어나 흩어져서는 손이 닿지 않는 후미진 곳에 숨는다. 언젠간 다시 모일 거라는 기대도 할 수 없다. 그리고 상상도 하지 못할 결과를 가져온다.

할머니의 목걸이처럼 플라스틱 중합체 목걸이도 노후화된다. 단량체 진주알 간의 결합이 깨지기 때문이다. 목걸이는 주변 환경으로부터 천천히 반복적으로 공격받는다. 주된 공격자들은 생물이 아닌 태양광, 마찰, 열, 습도 혹은 산소다.

소위 '생물적인' 또 다른 공격은 친환경적이지만 플라스틱을 건드리지는 못한다. 플라스틱은 실제로 미생물, 벌레, 곰팡이가 분비하는 작은 '생물학적 가위'(효모)에 유기물보다 더 잘 견디기 때문이다. 유용한 이 생물학적 기구 덕분에 생물은 유기물을 재빨리 분자로 잘라 운반하고 완전히 새로운 재료로 다시 조립한다. 반면 플라스틱은 이런 공격에도 끄떡없고 분해 과정은 끔찍하게도 길다. 수세기는 걸릴 것이다!

우리는 모두 노후화되기 시작한 중합체를 본 적이 있다. 중합체는 노래지고 구멍이 생기며 더 딱딱해지다가 결국 부러진다. 나 역시 아주 어릴 때 내 PVC 젤리 슈즈가 생을 마감하는 것을 직접 본 적이 있다. 샌들은 여름 한 철 훌륭하게 역할을 해내고는 심각할 정도로 노래졌다. 다음 해 여름에는 여기저기 갈라져서 결국 발가락마저 튀어나왔다. 그러다 강가에서 이끼가 낀 돌을 밟아 미끄러지는 바람에 발목 부분에 달린 끈도 끊어졌다. 그래서 신발을 길가에 버리고 맨발로 집으로 돌아올 수밖에 없었다. 기분 나쁜 사건이었다.

무한소의 세계에서 **플라스틱 분해** 과정은 다음과 같다. 단량체 진주알 간의 첫 번째 결합은 무생물 적군들의 공격을 받는다. 진주알 간의 연결은 여기저기 마구잡이로 끊어져 표면을 시작으로 균열이 생기고 색이 변하기 시작해 점점 더 노래진다. 표면에 생겼던 균열들은 제각각 더 깊이 갈라져 플라스틱 조각들이 점점 더 많이 떨어져 나간다. 가령 플라스틱으로 만든 정원용 의자 표면에 구멍이 생기면 닦기 힘들어진다. 다리 하나가 갑자기 부러지면 더 깊은 균열이 생긴다는 징조이므로 의자는 바로 쓰레기통행이다. 우리 눈에서 멀어지더라도 이 의자는 계속 풍화되고 부러지며 뜯어진다. 이 더딘 과정은 정원 구석에서든, 쓰레기 더미 속에서든, 재사용되는 엄청난 영광을 누린 경우에서든, 타르에 섞인 알갱이들 속에서든 계속된다. 어떤 상황에서든 의자의 플라스틱은 점점 더 작게 여러 개로 조각나는데 그 수가 너무 많아 손쓸 수 없을 정도가 된다.

셀룰로스성 물체인 종이, 마분지, 나무, 삼, 면 등도 플라스틱과 마찬가지로 풍화된다. 하지만 자연의 공격에 매우 취약해서 몇 달 혹은 몇 번의 계절이 지나면 탄산가스나 물로 완전히 생분해된다. 식물재료의 광합성 과정에 합류하는 것이다.

유리, 돌, 금속으로 만들어진 물체는 플라스틱보다 천천히 사라진다. 플라스틱과 마찬가지로 생물들의 공격에 잘 견디기 때문이다. 하지만 플라스틱과 다른 점은 사라지지 않는 미립자로 분화되지는 않는다는 것이다. 무생물의 공격(물, 바람, 태양)을 받아 자연이 소화시킬 수 있는 주성분으로 용해된다. 이산화규소, 나트륨, 칼슘, 철은 생태계에 친숙한 무기물이다. 인간은 특별한 부작용 없이 천천히 물에서 용해되는 금속선을 침몰시켰고, 그 잔해는 다이버들이 사랑해 마지않는 해양 생태계의 자원이 되기도 한다.

플라스틱은 거대한 생물지구화학적 순환에 포함되지 않는 예외적인 재료다. 기술적 성과를 제공하기 위해 인간의 상상에서 출발한 플라스틱이 생태계에 개입할 가능성은 결코 없다고 여겨졌다. 이렇게 판단한 일부 노벨상 수상자들은 근시안적이라고 비난받기도 했다. 플라스틱은 재료 탄생의 과정에 다시 합류할 수 있는 탄소와 수소의 단순한 분자로 변하는 데 무한할 정도의 시간이 걸린다.

영겁과도 같은 시간 동안 플라스틱은 점점 더 미세한 조각으로 분해되고 그러는 동안 그 수도 점점 많아진다. 나노미터 크기로 축소된 후에도 3차원의 자기를 띤 목걸이로 구성되어 있어 접촉하는 모든 물질을 운반할 수 있다. 그런 성질 때문에 최근 먼 바다에 떠 있는 미세 플라스틱에서 콜레라 박테리아가 검출된 사례도 있었다.

무한에 가까운 시간 동안 미립자 더미들은 끝도 없이 커지며 제멋대로 돌아다닌다. 나노입자 플라스틱을 제거하는 데 필요한 생물학적 순환은 지구 어디에도 존재하지 않는다. 결코 흡수될 수 없는 모든 입자가 그러하듯 이 나노입자들도 우리의 몸속이나 지구의 후미진 구석에서 쌓이고 있다.

여기서 나는 마치 인터넷의 악영향처럼 어떤 발명의 악용을 비난하는 것이 아니다. 이런 경우에는 윤리위원회를 설립하거나 적용 범위를 정하고 피해를 줄이기 위한 국제조약에 서명하는 것만으로 충분하다. 그런데 플라스틱의 경우는 의도대로 사용된다. 다만 문제가 되는 것은 플라스틱이 가진 성질 그 자체다.

무기로 사용될 위험을 차치한다면 원자력과 비슷한 문제라고 볼 수 있다. 에너지 생산을 위해 '정상적'으로 사용하면 고방사성 폐기물이 생기는데, 앞으로 수천 년이 지나도록 그 저장 방식의 신뢰성은 누구도 보장할 수 없다. 화석에너지도 마찬가지다. 화석에너지가 연소될 때 이산화탄소와 미세먼지를 뿜어내는 것은 당연한 일이다. 그래서 결국 그 폐기물들은 지구온난화와 대기오염의 원인이 되었다.

우리가 이룬 혁신들이 우리의 눈을 피해 무한소의 세계에서 악마의 얼굴을 숨기고 있다는 사실을 우리는 너무도 잘 알고 있다. 하지만 세대를 넘어서 오랜 기간 숨어 있던 터라 그 민낯에 관심을 두기란 쉽지 않다. 수백 년을 기꺼이 고찰하는 것은 어려운 일이다. 우리가 죽은 이후에 펼쳐지는 일들에 관심을 가지고 우리 삶의 가장 어둡고 돌이킬 수 없는 측면과 화해하는 것이기 때문이다. 우리의 가장 큰 문제점은 안정적인 현재를 벗어나 우리가 없는 미래를 내다보지 못한다는 데 있다. 우리의 혁신이 먼 미래에 끼칠 영향을 걱정하면서 우리 다음에 이 땅에 올 이들을 위한 터전을 준비하려면 한 발짝 물러나 지금의 생활 방식이 주지 못하는 통찰력을 갖춰야 한다. 그런데 2010년대가 되자마자 등장한 구체적인 수치들과 확실한 주의 사항들이 이제는 고개를 들어 직시해야 할 때라고 우리에게 경고하기 시작했다.

미세 플라스틱: 물고기들을 향한 주의보

한 항해사가 플라스틱 쓰레기의 지속성에 대한 각성을 불러

일으키기 위해 태평양의 인적 드문 지역으로 항해하는 모험을 감행했다. 1997년 조타수 찰스 무어(Charles Moore)는 로스앤젤레스에서 하와이를 항해하는 트랜스팩(Transpac) 경기에 참가하고 복귀하는 길이었다. 호놀룰루에서 출발해 미국으로 가기 위해 그는 북태평양을 가로지르기로 했다. 돛을 이용한 항해에서는 해서는 안 될 생각이었다. 해류가 모여들고 바람은 적은 환류 지역을 건너야 했기 때문이다. 그런데 항해가 불가능한 이 지역에서 그는 당시로는 상상조차 할 수 없는 어떤 현상을 발견했다.

선원들은 일주일 동안 수백 킬로미터를 항해해 위성으로 탐지되지 않는 반투명의 플라스틱 조각들로 이뤄진 수프에 도착한 것이다. 큼지막한 물체가 몇 개 발견되기는 했지만 대부분 무수한 파편들로 이뤄져 있었다. 오늘날 '일곱 번째 대륙'이라 불리는 이 거대한 소용돌이는 해류, 소금, 파도, 태양의 힘으로 조각난 플라스틱 쓰레기들을 모은다. 그 표면적은 프랑스 면적의 세 배 정도로 대부분 폴리에틸렌, 폴리프로필렌, PET 등으로 구성되어 있다. 이후 다른 '플라스틱 수프'들이 전 세계적으로 각각의 해역에서 발견됐다.

해양 문제는, 여러 국가가 공유하고 있기 때문에 한 국가만 잘못해도 전 인류가 영향을 받게 되는 사례의 완벽한 예시이다. 한 연구원은《르몽드》의 기사에서 헨더슨 산호섬의 해변을 가장 가까운 도시와 공장으로부터 5천 킬로미터 떨어져 있는 태평양의 무인도라고 표현했다. "병, 깡통 그리고 온갖 종류의 낚시용품들도 있어요. 이 쓰레기들은 당신이 아는 나라들에서 왔죠. 독일, 캐나다, 미국, 칠레, 아르헨티나, 에콰도르 등에서요." 이 무인도 에서는 제곱미터당 700개의 플라스틱 조각들이 발견됐다.

관련 협회들과 사진작가들은 플라스틱이 인정사정없이 전멸 시키고 있는 해양 동물의 비극적인 상황을 보여주면서 관심을 끌었다. 바다거북은 딱딱한 고리 때문에 몸의 일부가 절단됐고 죽은 고래의 창자에는 10킬로그램 정도의 플라스틱이 발견됐으 며 새들은 봉투 때문에 질식했다.

지중해처럼 사면이 육지로 둘러싸인 바다는 이런 비극의 규 모를 분명하게 보여준다. 나는 운이 좋게도 매년 여름, 스페인에 서 터키까지 지중해 북쪽으로 국경이 접해 있는 모든 나라와 그 멋진 섬들을 오랫동안 여행할 기회가 있었다. 하지만 이 국가 중 어떤 국가도 플라스틱으로부터 해안을 지키지는 못했다. 가장 충격적이었던 것은 터키의 한 해변에서 푸르스름한 흰색의 반 사광을 처음 보았을 때다. 놀란 마음에 다가가 모래를 한 줌 쥐 어보니 모래 안에 무수한 플라스틱 조각이 섞여 있었다.

무기물과 중합체로 '혼합'된 이 모래사장은 땅에서 온 조각난 플라스틱을 운반하는 강어귀에서 주로 발견된다. 이곳의 모래는 물을 걸러내고 작은 입자들을 모아서 모래 알갱이보다 더 많아질 때까지 축적한다. 입자들은 점점 마모될 테니 어느 날에는 마침내 모래의 덫에서 빠져나가게 된다. 그러면 해류를 통해 거대한 해양 환류에 모여 있는 플라스틱 수프에 합류하고 공기를 통해 극지방으로 날아가 결국 새우의 내장 구석에까지 끼어 있게 된다.

대양과 바다에서 연구자들이 비극을 발견하는 것처럼 호수에서도 비극이 벌어지기는 마찬가지다. 단지 카메라의 피사체가 되지 않았을 뿐이다. 5밀리미터보다 작은 **미세(마이크로) 플라스틱**들은 그 모체인 '매크로' 플라스틱보다 더욱 위험하다. 육안으로 식별하기 힘들어 수거하기 어렵기 때문이다. 미국이 면밀하게 수질을 검사한 결과 (가장 작은 입자, 나노입자의 모체인) 미세 플라스틱에 오염된 경우가 83퍼센트에 달했다.

처음으로 미세 플라스틱이 발견된 때는 2009년이다. 당시에는 미세 플라스틱을 신중하지 못하게 그저 화장품에 사용되는 마이크로비드에서 나온 작은 침략자 정도로 해석했다. 각질 제거 제품에는 죽은 세포를 없애 피부를 부드럽게 만들기 위한 작은 플라스틱 알갱이들이 실제로 숨어 있었다. 나는 관련 주제에 대한 한 토론장에서 남성들이 신이 나서 "여성들이 얼굴에 바르는 제품에서 이 미세 플라스틱이 나온다!"라고 말하는 것을 들었다. 여성들에게 이런 제품을 사용하지 말 것을 '가르칠' 필요가 있다는 주장을 듣고는 깜짝 놀랐다.

마이크로비드의 사용처가 죄다 밝혀지면서 이런 성차별적인 발언은 사라졌다. '남성을 위한' 것으로 여겨지는 활동들, 즉 치약이 만들어준 하얀 치아부터 미끄럼 방지를 위해 미세 플라스틱을 혼합해 신뢰성을 얻은 총알 같은 자동차 등에도 마이크로비드가 함유되어 있었기 때문이다. 화장품 기업들은 생분해되고 저렴한 천연 연마제로 대체해 마이크로비드를 어렵지 않게 없앴다.

스위스에 있는 레만(Léman) 호수에서 채취한 물을 연구한 결과, 무수히 많은 미세 플라스틱들이 다양한 곳에서 흘러들어왔다는 것이 밝혀졌다. 하지만 합성 의류를 마모시키고 분쇄한, **세탁한 물이 주를 이뤘**다. 폴리아미드 신발, 폴리에스터 바지 등 모든 의복은 대개 마이크로미터만큼 작은 플라스틱 섬유로 구성되어 있다. 세탁할 때마다 세탁기 내부 통이 연마하면서 섬유의 일부분을 자르면 이 섬유 조각은 폐수를 따라서 민물이나 바다에 합류하는 것이다.

우리는 미세 플라스틱이 합성섬유로 만든 옷으로 가득 찬 옷장에서 대부분 시작된다는 것을 알게 되었다. 문틀처럼 악천후에 노출되는 제품의 표면을 보호하기 위해 쓰이는 니스에서도 일부 비롯된다. 태양, 바람, 습도, 열기와 냉기에 의해 마모되고 풍화된 미세 플라스틱은 아주 미세한 조각으로 분화되고 흩어져 비와 바람에 끌려간다.

미세 플라스틱의 예상 밖의 또 다른 기원은 여러분이 타는 자동차의 **타이어**다. 타이어에는 50퍼센트 이상의 합성고무(스티렌과 부타디엔)가 사용되는데 이 합성고무는 생분해된다고 여겨지는 천연고무와는 반대로 매우 끈질기다. 타르 위에서 회전할 때마다 타이어는 마이크로입자로 분해된다. 이 마이크로입자는 중금속이나 연소 찌꺼기처럼 배기가 스에서 배출되는 여러 해로운 물질들로 뭉쳐 있다. 그 후 지저분한 플라스틱의 미세한 해면들은 바람, 비, 물줄기 또는 주변 공기에 몸을 맡겨 따라간다.

수십억 개의 폐플라스틱들이 떠다니는 바다는 분해 과정을 자연히 빨라지게 한다. 물 위를 떠다니는 플라스틱 필름은 소금과 태양의 영향을 받고 파도에 마모되어 빠르게 찢어지는 것이다.

아마도 그리 머지않은 미래에 결국 미세 플라스틱은 매립지에서도 나올 수밖에 없을 것이다. 마음에 들지 않는 (그리고 분명 다른 이유도 있어서) 형광 보라색의 폴라플리스 옷을 버리면 결국 하치장에 도달한다. 그러면 옷은 땅을 카펫 삼아 그 밑으로 숨어들어 빗물과 섞일 수 있는 작은 조각이 될 최후의 순간을 기다린다. 그러니 결국 시간문제일 뿐이다.

2019년에 우리는 플라스틱의 마이크로입자가 기류를 따라 떠돌다가 땅에 떨어져 비와 눈에 휩쓸려 다닌다는 사실을 알았다. 미세 플라스틱 비는 여기저기서 내리는데 피레네부터 파리까지 플라스틱의 마이크로입자가 똑같이 하루 평균 제곱미터당 365개 포함되어 있다.● 연구원들은 북극 한가운데와 빙산에서도

● M. Bergman et al., 《White and wonderful? Microplastics prevail in snow from the Alps to the Arctic》, Science, V5 (8), 2019.

많은 양의 미세 플라스틱을 발견했다. 그중에서도 석유화학 중합체 대부분(특히 아크릴산염, 폴리우레탄, 니스, 고무, PE, PA, PS, PVC, 폴리카보네이트)에서 니스의 미세 파편들뿐만 아니라 폴리젖산(PLA)도 발견했는데, 간사하게도 폴리젖산은 생분해되는 바이오플라스틱으로 알려졌음에도 실제로는 그렇지 않았던 것이다. 이에 대해선 다음 장에서 자세히 이야기할 것이다. 봄에 빙산과 눈이 녹으면 이 미세 침략자들은 또다시 물길을 따라 바다에 다다른다.

이야기가 이미 충분히 끔찍하기 때문에 여기서 멈출 수도 있다. 하지만 미세 플라스틱은 물길에 일단 합류하게 되면 물길을 따라 계속 떠돈다. 물고기, 연체동물 심지어 플랑크톤과 산호까지 미세 플라스틱의 생김새와 냄새를 좋아한다. 그래서 농어는 플라스틱 병의 조각들을 한입에 많이 삼켜버린다. 산호는 스스로 도살장에 뛰어든다. 실제로 한 생물학 연구팀은 산호가 새우알보다 폴리에스터 소재의 옷 조각을 더 먹고 싶어 한다는 사실을 발견하기도 했다.[*] 합성섬유는 산호를 단 2주 만에 죽게 만드는 미생물들을 포함하고 있다. 바다에서 피해를 보지 않는 곳은 전혀 없다. 가장 깊은 심해도 마찬가지다. 태평양에 위치한, 수심이 가장 깊은 마리아나 해구의 심해 11킬로미터에 사는 작은 갑각류는 모두 플라스틱의 마이크로입자에 창자가 오염됐다.

• R. D. Rotjan et al., 《Patterns, dynamics and consequences of microplastic ingestion by the temperate coral, Astrangia poculata》, Proceedings of the Royal Society B : Biological Sciences, 26 juin 2019.

그래서 우리가 시장 좌판에서 보는 해산물들은 **중합체로 '가득 차'** 있다. 2019년 6월 벨기에 연구원들은 생선과 해산물 섭취로 매년 2,000~11,000개의 플라스틱 조각을 먹게 될 수 있다는 연구 결과를 발표했다. 또 다른 연구는 음식 섭취를 통해 미국인 한 사람당 매일 100~150개의 플라스틱 마이크로입자를 먹는다는 결과를 내놓기도 했다.[*] 호흡하면서 폐를 통해서도 흡입하기 때문이다. 수돗물로 매일 10여 개의 플라스틱 조각을 마시고 플라스틱 병으로 물을 마실 때도 15개 이상의 플라스틱 조각을 먹게 된다.

하지만 대양에 대해서 가장 우려하는 점은 플라스틱의 현재 상황이 아니다. 우리가 축적한 그 플라스틱이 최후의 순간을 기다리고 있고, 우리는 매일 꾸준하게 플라스틱을 생산하고 있다는 점이다.

우리의 바다와 민물을 점령한 미세 플라스틱은 대부분 플라스틱의 크기(섬유)와 두께(필름, 의류)에 상관없이 사용하는 순간 입체 구조에서 떨어져 나온 것이다. 플라스틱은 사용되는 동안 혹은 그 이후에 마모되면서 마이크로입자가 빠르게 떨어져 나와 주로 바다로 향한다. 여러 연구의 결과로 오염의 현행범이 된 플라스틱은 모든 플라스틱 재료에 무슨 일이 벌어질지를 우리에게 제대로 보여준다. 단지 시간문제일 뿐이다.

더 두껍고 거의 마모되지 않는 환경에서 쌓여 있는 플라스틱

• K. D. Cox et al.,《Human Consumption of Microplastics》, Environ. Sci. Technol., 2019.

은 모두 미세 플라스틱으로 작아지기까지 평균적으로 수세기가 필요할 것이다. 그런데 우리가 플라스틱을 만든 지는 50년이 채 지나지 않았다. 현 상황에서 우리가 파악한 것은 수면 위로 드러난 플라스틱 빙산의 일각에 지나지 않을 텐데, 쓰레기로 이뤄진 이 빙산은 빠르게 분해된다. 그리고 나머지는 땅속에 숨어 있다.

땅속에 숨은 위험

우리는 이제 문서화되지 않은 연구 분야로 진입한다. 이를테면 플라스틱 쓰레기가 식량의 토대인 토양의 질, 생물다양성과 먹이사슬, 모든 식량 생산의 보증에 미치는 영향에 대해서 이야기하고자 한다.

우리가 아는 첫 번째는, 플라스틱은 매우 흔하고 생태계에서 끈질기게 살아남아서 지구의 물질과 결합해 새로운 물질이 되는 경향이 있다는 사실이다. 이를 '플라스티글로머리트(plastiglomerate)'라고 한다. 돌, 침전물, 모래, 다른 쓰레기들에 점착해 형성된 중합체인데 우리 환경에서 새로운 이 요소는 지구의 역사에서 유례를 찾을 수 없다. 그래서 우리 시대의 지질학적 표지가 됐는데 이것이 바로 인류세다.

이 시대는 산업혁명과 함께 시작됐다. 어떤 환경 기후적인 현상보다 인간이 지구와 자연환경에 더 큰 영향을 미치는 시기를 의미한다. 인간이 자신들이 살아가는 세상의 지배적인 지표가 된 것이다. 오래전부터 자연을 감내하고 자연에 고통스럽게 길들어져 왔지만, 이제는 인간이 근본적으로 자연을 변화시키고 있다.

그렇다면 플라스틱 재료가 가득 찬 땅에는 무슨 일이 벌어질까? 밀푀유처럼 농업용 비닐이 겹겹이 쌓인 밭은 어떻게 변할까? 우리가 소비한 쓰레기가 수십 년 동안 쌓인 처리장 인근의 땅은 어떻게 될까? 쓰레기 더미에 쌓여 있는 농업용 비닐이 더 이상 제 기능을 하지 않을 때, 우리 토양에는 어떤 문제가 발생할까? 여러분에게 명쾌하게 정답을 말해주고 싶지만, 현재로서는 모든 것이 불명확하다. 우리의 육지 환경은 해양 환경보다 매력적이지 않아서 진행된 연구가 거의 없기 때문이다.

그런데 우리가 버린 플라스틱 쓰레기의 상당량이 **땅 위에 있고** 바다에서 발견된 플라스틱 입자도 대부분 육지로 오게 된다는 사실을 우리는 알고 있다. 플라스틱 마이크로입자로 심각하게 오염된 재배지, 오니(더러운 흙. 특히 오염 물질을 포함한 진흙 – 옮긴이)처리 하수처리장, 예전 산업 지역이 이를 잘 보여준다. 호주의 경우 일부 토양에는 PVC 마이크로입자가 6.7퍼센트까지 섞여 있었다.[*]

플라스틱은 소수성을 띠고 물을 흡수하지 않는다는 사실을 우리는 이제 알고 있다. 중합체로 가득 찬 토양은 마치 배수 장

• Zhu Fengxiao et al., 《Occurrence and Ecological Impacts of Microplastics in Soil Systems : A Review》, Bulletin of Environmental Contamination and Toxicology, vol. 102, no 6, juin 2019, p. 741-749, en ligne : doi.org/10.1007/s00128-019-02623-z

치를 단 것처럼 물을 덜 흡수해 말라갈 것이다. 토양의 질은 특히 습도를 유지하는 능력에 달려 있는데 말이다.

토양은 단순히 땅이 아니다. 우리 발밑에서 분주하게 움직이는 작은 벌레들의 집합소가 토양이다. 여러 연구를 통해 우리는 플라스틱 마이크로입자가 곤충의 비중을 떨어뜨리고 토양에 서식하는 필수적인 거주민, 즉 지렁이들을 더 많이 죽게 만든다는 사실을 알게 되었다. 지렁이는 땅을 파서 공기를 통하게 하는 것에 그치지 않고 유기물을 소화해 토양을 비옥하게 만드는 재활용의 왕이다. 땅 위로 돌아다니며 더 깊숙한 곳으로 파고드는 지렁이에게는 유기물 속에 있는 플라스틱 입자가 바로 불청객이다.

우리는 또한 식용식물이 땅에 있는 폴리스티렌 마이크로입자를 흡수하고 축적할 수 있다는 사실을 알았다. 따라서 처음부터 땅속에 있던 플라스틱 입자에 식물 먹이사슬이 오염된다는 점도 충분히 예상할 수 있다.

세계 곳곳에 사는 우리의 평화로운 반추동물들 역시 쓰레기로 인해 병에 걸릴 것이다. 암소는 난감하게도 턱 아래로 보이는 모든 것으로 배를 채우는 습성이 있다. 여기엔 특히 플라스틱도 포함된다. 농업용 비닐, 타이어, 농업 포장재 그리고 차창으로 목초지 주변에 던져버린 쓰레기들까지 다양해 그에 따른 결과도 종양부터 감염까지 폭넓다. 해양 동물과 마찬가지지만 알려진 사실은 적다.

토양의 플라스틱 오염에 대한 잠재적 위험을 주시하려면 연구를 진행하고 소각장을 조사하며 토양의 땅속을 탐사하고 우리 발밑에서 일어나는 쓰레기 입자들의 이동을 추적해야 한다. 또 이 입자들이 데려와 독성을 만드는 데 주된 역할을 하는 오염 물질의 위치를 찾아야 한다. 각각의 구성요소와 땅의 거주민들에게 미치는 미세 플라스틱의 생태적 영향에 대해 밝혀야만 잠재적 위험을 평가할 수 있을 것이다. 그만큼 잠재적 위험으로부터 우리를 더욱 완벽하게 보호하기 위해 연구되어야 할 중요한 문제들이 산적해 있다.

우리의 관리 시스템은 사회가 보여주는 우려와 요구에 우선적으로 반응할 뿐이다. 우리는 감각으로 인지하게 된 것을 걱정한다. 그래서 바닷속의 플라스틱을 이제는 더욱 분명하게 보게된 것이다. 플라스틱 쓰레기의 영향을 연구하기 위한 '지원 사업 공모'의 대부분은 우리의 미디어를 자극하는 해양에 관한 것이었다. 그러는 사이, 아마도 우리의 토양을 황폐하게 만들 중합체는 눈에 보이지 않고 그에 따른 우려도 점점 사라지게 된다. 연구를 시작하고 문제의식을 느끼도록 공동의 우려에서 출발한 재순환은 여전히 시작되지 않았다. 연구원들의 레이더에 문제들이 포착되지 않아서, 관련 주제의 '지원 사업 공모'를 통한 주무 부처의 지지 없이는 이들에게 동기부여가 되기 어렵다. 그렇게 해결책을 찾기 위한 지식을 갖추느라 귀중한 시간을 허비하고 있다. 하지만 곧 사회가 떠들썩하게 요구할 것이다. 그래서 재빨리 순서를 바꿔 지식보다 해결책을 앞에 둬야 할 순간이 찾아올 것이다.

나노플라스틱과 엄청난 위험

우리가 반갑지 않은 플라스틱을 발견하기 시작한 의외의 장소가 있다. 바로 우리 몸속 가장 깊숙한 곳이다. 플라스틱 조각은 작고 수가 많은 만큼 어렵지 않게 여행한다. 나노미터 정도로 작은 경우 생물의 가장 튼튼한 보호 장벽도 뚫는다.

나노기술이 연구자들, 기업들 그리고 소비자들의 열정을 얼마나 북돋웠는지 앞서 이야기했다. 나노입자는 외부로부터 우리를 보호하기 위해 우리 몸이 세운 장벽을 넘어설 수 있기 때문에 무엇보다 큰 걱정거리다.

초미립자로도 불리는 나노미터 크기의 입자들은 세포들의 생물학적 장벽을 넘어설 수 있는 두 가지 특징이 있다. 첫 번째가 작은 크기다. 그래서 기관 내 깊숙이 침투할 수 있다. 두 번째는 넓은 표면으로, 많은 분자와 상호작용할 수 있다. 나노입자는 희생물에게 분자를 빌려서 희생물의 눈에도 보이지 않는 망토로 자신을 덮는다. 생물학적 신분을 바꾸면 싸우지 않고도 요새를 뚫을 수 있다.

나노입자는 끈질기고, 인간의 수명과 비교해 적당히 짧은 시간 내에 분해되거나 용해되지 않을 때 구석진 세포 어딘가에서 축적된다. 그런 후 보디가드인 우리의 면역체계를 꾸준히 자극한다. 심지어 나노플라스틱이 우리 신체 기관의 순조로운 기능을 보증하는 단백질의 형태를 변형시킨다는 것이 최근에 밝혀지기도 했다.[•] 모든 이물질과 마찬가지로 나노플라스틱은 염증을 일으킬 위험이 있는데 그렇게 되면 결국 숙주 세포의 기능장애를 유발하거나 암과 같은 중대 질병을 일으킬 수 있다.

이 작은 **이물질**의 크기가 더 커서 마이크로미터 정도라면 피부, 점막 같은 신체 장벽들이 물리칠 수 있을 것이다. 반대로 분자 정도로 작다면 신장, 피부, 간, 폐가 이물질들을 붙잡아 화학적으로 소변이나 대변 혹은 땀으로 배출시킬 수 있다. 그러나 이 두 크기 사이, 즉 나노 크기라면 우리의 신체는 이물질들을 제거할 수 없다.

1970년대의 교훈은 고통스러웠다. 석면이 생명에 치명적인 이유가 완전히 무해한 석면 그 자체에 있는 것이 아니라 단단한 섬유질에서 뽑아낸 먼지 정도의 크기와 형태에 있다는 것이 밝혀진 것이다. 그 크기와 형태는 너무 작아서 호흡기의 보호 점막을 우리도 모르는 사이에 뚫는다. 신체는 침입자들을 감지하지 못하는 대신 제거하기 위해 재채기를 한다. 하지만 석면은 침입한 후 쌓인다. 폐의 상피세포에 먼저 달라붙은 후 늑막 같은 다

• O. Holloczki, S. Gehrke, 《Nanoplastic can change the secondary structure of proteins》, Nature. Scientific reports, 9, 16013, 2019.

른 조직들을 향해 더 깊숙이 이동한다. 이런 나노입자의 희생물들이 감내하는 잔인한 고통은 상상조차 하기 어렵다.

미세 먼지에 의한 오염의 또 다른 유형이 2000년대 '보건' 레이더에서 깜빡이기 시작했다. 폭염 '사건'을 계기로 대중은 대기오염이 정점을 찍었다는 것을 알게 됐다. 세계보건기구에 따르면 오염으로 인해 전 세계에서 매년 400만 명 이상이 목숨을 잃는다. 디젤과 다른 연료의 배출가스가 일상적인 일이 되면서 공공보건이 위협을 받으며 심각한 위험이 퍼지고 있다. 다시 한번 말하자면 미세 먼지는 공기 중에 퍼지고 때로는 배출 지역에서 더 멀어진다. 그중에는 중금속이나 다환 방향족 탄화수소 같은 불쾌한 오염물질이 대부분을 차지한다. 한번 우리 몸에 침입하면 잠재적 독성은 배가되어 신진대사에 문제가 생기거나 암, 심혈관 질환에 걸릴 위험성이 높아진다.

오늘날 우리는 플라스틱 쓰레기의 마이크로입자가 무질서하게 여기저기 흩어져 있다는 사실을 알게 되었다. 이 질문이 다소 불안을 유발할지 몰라도 생각해봐야 할 문제다. 미세입자가 더 작아져서 나노미터 크기가 되면 무슨 일이 벌어질까? 플라스틱이 마이크로미터 수준에서 분해를 멈춘다는 근거가 전혀 없으니 생각해봐야 할 문제다.

한편 북극의 얼음을 연구하는 과학자들은 분명하게 예측했다. 크기 측정이 기술적으로 어렵기는 하지만 연구원들은 폐플라스틱 나노입자가 그 모체인 마이크로입자보다 그 수가 훨씬 많다는 것을 알게 됐다.[*] 나노 크기의 플라스틱은 탄소나 수소 미분자로 분리되지 않은 채 여전히 플라스틱으로 남아 있다. 생물은 이를 멈출 수도 배출할 수도 없고 단지 어딘가에 쌓이게 된다.

확대해석할 것도 없이, 그저 세 가지 현실만 직시하면 된다. 첫 번째로 우리가 소비했고 재활용했거나 하지 않는 모든 플라스틱은 언젠가 나노미터 크기가 될 것이다. 시간문제일 뿐이다. 물병, 용기, 버스 의자, 풍선 등 우리가 플라스틱으로 만든 물건들은 저마다 마모되고 그 수는 더욱 증가하여 다음 세대에서는 끈질긴 미세 먼지의 거대한 저장고가 될 것이다. 미세 먼지는 어떤 경로를 통해 우리에게 도착하는 것일까? 우리가 밟고 다니는 땅을 통해? 아니면 우리가 호흡하는 공기로? 우리가 먹는 음식물을 통해서일까? 인간은 근시안적이다. 우리 아이들 혹은 손주들의 미래에 대해 생각하더라도 2050년 이상을 내다보지 못한다. 2100년 이후의 세상을 상상해보는 사람은 거의 없다. 그러나 이때 지구와 거주민들은 오늘날의 플라스틱 쓰레기로 발생한 나노입자의 영향에 직격탄을 맞게 될 것이다.

두 번째 현실은 50년 전부터 축적됐고 매일 더 많이 축적되는 플라스틱 쓰레기의 양을 볼 때, 우리가 노출될 플라스틱의 양은 더욱 많아질 것이다. 그러면 어떤 영향을 미치게 될까? 플라스틱으로 뒤덮인 소화기와 호흡기의 점막은 어떻게 작동하게 될

• M. Bergman et al., 《White and wonderful ?…》, art. cite.

까? 어떤 영험한 유리구슬도 이를 예견할 수 없으므로 연구는 계속되어야 하고 사회는 필요한 예방책을 세워야 한다.

세 번째 현실은 플라스틱이 결코 혼자서 이동하지 않는다는 점이다. 우리의 신체 기관을 관통하기 전에 플라스틱은 작은 버스처럼 잠재적인 독성을 가진 불쾌한 승객들을 싣는다. 이 플라스틱 입자들은 소수성 때문에 오염물질을 대부분 흡수하는 나노 스펀지처럼 행동한다는 점을 명심하자.

> 효과가 뛰어난 살충제는 대부분 소수성이기 때문에 물을 좋아하지 않는다. 이 개념에 대한 예를 들어보자. 살충제는 나뭇잎을 덮고 있는 얇은 방수 필름에 달라붙어 처음 맞는 빗물에도 씻기지 않는다. 심지어 이 살충제는 플라스틱 사이에 완벽하게 스며들어 전파자가 된다. 이 플라스틱이 재배지에 버려지면 그대로 살충제로 쌓이게 된다. 온갖 쓰레기로 가득한 하치장에서 잊힌 플라스틱은 쓰레기 중에서도 가장 심각한 오염물질들을 끌어당긴다. 마이크로입자로 분해되어 이동하기 시작하면 이 **유독성의 전파자들**, 그리고 앞으로 만나게 될 전파자들도 끌어당긴다.

그렇게 플라스틱은 점점 더 작은 입자로 줄어들면서 개체 수가 많아진다. 그러면 물고기나 인간의 신체에도 침투할 수 있는데 플라스틱 나노입자의 침투력은 해조류나 새우, 생선을 대상으로 연구된 바 있다. 배낭(胚囊)에까지 침투할 수 있는 것으로

알려져 있다.[•]

나는 여기서 또 다른 확신과 이 세 가지 현실 사이의 균형을 잡을 필요가 있다. 그렇다, 인간의 신체는 술, 니코틴, 그 밖의 유해 물질을 견디는 것처럼 일정량의 플라스틱도 견딜 수 있다. 우리는 이미 별다른 문제를 느끼지 못한 채 플라스틱의 나노입자를 흡입했다. 2100년을 살게 될 후손들이 나노플라스틱에 중독될 것이라는 확실한 근거가 지금의 나에게는 없다. 이 문제에 대한 다차원적인 지식에서 비롯된 통찰력만 있을 뿐이다. 플라스틱의 본성을 고려해볼 때, 우리가 버린 쓰레기의 운명이 바뀌지 않는 이상 후손들의 운명은 바뀌지 않을 것이다.

메커니즘은 꽤 가혹하다. 플라스틱은 잠재적인 독성 물질을 포함하고 있고 미세한 입자로 분해되어 무수히 많아지며 우리의 자연과 음식에 무례하게 끼어든다. 그러고는 **우리의 신체 기관**에 자리 잡아 기능을 방해한다. 50년 전에 생산된 플라스틱들이 이제야 분해되어 여기저기서 우리 눈에 띄기 시작한 것이다.

내 의견이 현실이 되기까지 오랫동안 잠자코 있기보다는 지금부터 사전예방원칙을 지킬 것을 요청하는 편이 더 낫다고 생각한다. 만약 여러분이 이런 요청이 달갑지 않다면, 내가 틀렸고

• Y. Chae, D. Kim, S. W. Kim, Y.-J. An 《Trophic transfer and individual impact of nano-sized polystyrene in a fourspecies freshwater food chain》, Scientific Reports, 8, 284, 2018.

플라스틱은 우리 물질 존재들의 일부분만 차지하고 있어 나노 입자가 위협적인 무기가 되지는 않을 것이라는 점을 내게 증명해야 한다. 자, 100년 후 이 나노입자가 환경과 우리 손주들의 신체에 독이 되지 않는다는 근거를 대보라!

지구 차원에서도 문제가 되는 것은 마찬가지다. 인간의 신진대사처럼 지구의 신진대사도 일정량의 플라스틱은 버틸 수 있다. 하지만 부작용 없이 견딜 수 있는 최대치는 얼마나 될까? 우리는 그 한계치를 언제쯤 넘어서게 될까? 한계를 넘어서면 또 무슨 일이 벌어질까? 믿을 만하고 양식 있는 시나리오를 토대로 어떻게 대비할 수 있을까? 쇄도하는 플라스틱을 추적하고 우리가 취한 조치의 효력을 평가할 수 있는 지표는 무엇일까?

5

땅, 불… 그리고 재활용

프랑스 사람들은 매년 자기 몸무게만큼의 플라스틱을 버린다. 더 이상 사용하지 않는 감자튀김 접시, 축구공, 정원 탁자는 어떻게 되는 것일까? 이 쓰레기들의 3분의 1 혹은 절반 정도는 자연, 물가, 숲 또는 자유롭게 분화된 후 바람을 따라 어딘가에 도착해 그곳을 오염시킨다. 착한 사람들이 쓰레기통에 버리는 플라스틱만 매립지나 소각장에 도착한다.

육지에서는 플라스틱 쓰레기의 86퍼센트가 물이나 불로 끝난다. 지금까지는 전 세계가 이 정도에 만족했지만, 폭발적으로 증가한 소비로 인해 종합체 폐기물처리장이 흘러넘치고 있다. 플라스틱은 우리의 삶을 사로잡고 그 쓰레기들은 우리의 삶을 침략했으니 고락을 함께한 셈이다.

순환성은 시름이 깊어지고 있는 우리의 상상력을 불타오르게 한다. 순환성은 한 바퀴만 돌아도 분해된 모든 재료를 재생할 수 있기 때문이다. 재활용은 프랑스 당국에서도 공식적으로 선언한 '마법의 해결책'이다! 이와 동시에 당국은 '일회용 플라스틱'을 비판하며 금지하고 있다. 그러나 자발적 낙관주의와 현실 부정이 뒤섞여 탄생한 당국의 조치들은 한계가 있다. 플라스틱만큼 광범위한 재료를 자유롭게 내버려둔다는 점이 그렇다.

하치장에서의 숨바꼭질

나에게는 지구상에서 아무도 부러워하지 않을 프로젝트가 있다. 하치장이나 쓰레기 매립지로 비밀 탐사를 떠나보는 것이다. 이곳은 1950년대부터 인간이 소비한 후 남은 모든 찌꺼기, 특히 플라스틱이 쌓여 있는 곳이다. 우리가 만들고 사고 소비하고 결국 버린 옷, 기기, 건설 자재 등 모든 물건에 대한 기록이 켜켜이 남아 있는 일종의 지질학적 보고인 셈이다. 삶의 방식 혹은 남아 있는 것에 대한 특별한 연대기적 카탈로그다.

하치장은 또한 매장된 플라스틱의 미래에 대해 알 수 있는 흥미로운 출처다. 물론 매장된 중합체의 나이는 쉰 살이 거의 넘지 않지만, 그럼에도 불구하고 이를 통해 우리가 더 이상 사용하지 않는 플라스틱이 매장된 장소에서 어떻게 작동하는지 파악할 수 있는 정보들을 추려낼 수 있다.

그래서 나는 유럽연합의 지원을 받아 연구 프로젝트를 진행하고자 한다. 매립지를 채굴해서 연한에 따라 플라스틱 쓰레기의 분해 상태를 조사하기 위한 견본을 채취하는 것이다. 오늘날 누구도 이러한 궁금증을 갖지 않는다니 나는 그저 놀랍기만 하다.

물질에 우리의 기록이 남아 있음에도 아무도 좋아하지 않는 이곳에서 가장 놀라운 건 바로 플라스틱 속에 플라스틱 쓰레기가 쌓여 있다는 점이다. 매립지의 문이 열리면 거대한 구멍을 파고 천과 플라스틱을 섞어 만든 토목 섬유라 불리는 넓은 덮개를 덮는다. 그런 후 쓰레기를 쌓는다. 딱딱한 부분은 시간이 가기를 기다리는 반면, 배수로를 통해 맛있는 쓰레기 뭉치에서 나온 소량의 즙이 배출된다.

그러나 플라스틱은 필시 노후화되고 분해되며 분화된다는 것을 우리는 알고 있다. 이러한 과정은 쓰레기뿐만 아니라 쓰레기를 가둔다고 여겨지는 그 유명한 농업용 비닐에도 적용된다. 플라스틱 쓰레기가 나노미터 수준으로 작아진다면 그물망을 빠져나가는 것을 막을 수 없고 그 후에는 천천히 저절로 분해된다. 플라스틱, 가정용 포장재, 농업용 부직포의 마이크로입자 그리고 나노입자가 자연 구석구석을 함께 떠도는 객관적인 이유는 전혀 없다. 물론 플라스틱 쓰레기가 마이크로 혹은 나노미터 수준으로 작아지기까지 시간이 필요하지만, 일부 플라스틱은 이미 50년 전부터 쌓이기 시작했고 당시 하치장에는 쓰레기를 가두기 위한 농업용 부직포가 없었다. 나는 토양 한가운데 쌓인 이 쓰레기들이 어떻게 되는지 알고 싶어 견딜 수가 없었다.

산업과 정치계뿐만 아니라 일부 재단이나 NGO는 매립지를 낭비라며 비난하고 있다. 플라스틱 재료의 경제적 가치가 이곳에서 사라지고 있다고 한탄한다. 그런데 우리가 재활용하는 방법을 알고 있다면 하치장에서 잠자고 있는 중합체를 분리하고 재처리하지 못할 것도 없다. 그러나 매립의 아킬레스건, 즉 진정한 위험은 다른 차원의 우려를 낳는다. 플라스틱을 바르게 저장하려면 플라스틱보다 오래가는 재료가 필요하고 이 재료는 너무 작아져서 생명체의 장벽을 뚫을 수 있는 작은 입자들을 억류할 수 있어야 한다는 것이다.

당신은 위험한 핵폐기물을 금속에 담아 우리 발아래 깊은 곳에 매장하는 것에 반대할 수 있다. 전적으로 옳은 의견이다. 하지만 핵폐기물의 용량은 인당 연평균 2킬로그램으로 제한되는 반면 우리 고장에 매립되는 플라스틱의 양은 오십 배가 넘는다. 인류는 오염된 유산의 무해성을 후손들에게 증명할 방법을 아직 찾지 못했다는 점도 짚고 넘어가야 한다.

매립지에 묻힌 플라스틱은 자연으로 곧장 도망쳐 땅을 거쳐 민물과 바다를 오염시킨 현대의 플라스틱과 만나게 된다.

그럼에도 우리는 계속해서 엄청난 양의 플라스틱 쓰레기를 쏟아내고 있다. 매년 프랑스에서만 160만 톤, 즉 이미 축적된 플라스틱 쓰레기의 30퍼센트 이상이 추가된다.[*] 녹색성장을 위한 에너지 전환법과 관련된 목표들이 달성된다면 이 비율은 2025년에 15퍼센트까지 감소할 것으로 보인다.

* PlasticsEurope (2018) ; Jambeck et al. (2014) ; Banque mondiale (2018) ; Agence européenne pour l'environnement (2014).

그런데 폐기된 수만 톤의 중합체들은 어떻게 되는 걸까? 스위스나 노르웨이 같은 일부 국가에서 하치장으로 가는 쓰레기는 2퍼센트도 채 되지 않는다. 이들은 플라스틱의 생을 종식시킬 수 있는 다른 방법으로 소각을 선택했다.

2025년 혹은 그 이후에 무슨 일이 벌어지든지 기존 매립지들에는 계속 플라스틱이 엄청나게 쌓일 것이다. 매립지의 위험성을 근본적으로 제거하기 위해 매립지를 해체할 것인지 혹은 활용할 것인지의 문제가 아직 남아 있다. 이를 해결하고 난 후에야 쌓여 있는 폐플라스틱으로 에너지나 재료를 얻는 것을 기대할 수 있다.

연기처럼 사라지는

여러분의 휴대폰 케이스는 땅 아래에서 천천히 분해되어 토양과 강으로 떠나지 않는다면 필시 소각장 혹은 드물게는 열분해 소각시설로 가게 될 운명이다. 프랑스에서 수거된 플라스틱 쓰레기의 3분의 1이 이런 경우다. 소각 처리는 매립보다 속전속결이다. 쓰레기를 적재하면 불꽃이 발생하고 잔재가 남으며 끝난다. 그러면 거의 완료된 상태다. (열분해도 다소 반영해) 소각 분야에서 최고인 국가는 덴마크다. 덴마크는 플라스틱 쓰레기의 60퍼센트를 소각으로 처리하며 매립과의 전쟁을 선포한 바 있다. 폐플라스틱의 2퍼센트 미만만 하치장으로 향한다.

플라스틱은 타면서 열을 발생한다. 소각장은 이 열을 회수해 에너지로 전환한다. 이런 **리사이클링**은 소각장의 공이 크다. 이와 동시에 플라스틱 쓰레기의 상당 부분이 사라지지만 소각할 때 미세 먼지가 배출되는 위험성이 있다.

플라스틱이 타는 것을 본 적 있는 사람은 누구나 어떻게 끝나는지 알고 있다. 플라스틱은 온몸을 비틀며 오그라든다. 역한 냄새가 나고 연기와 시커먼 재가 남는다. 플라스틱은 생활 쓰레기와 함께 버려진 유기물 폐기물보다 더 잘 탄다. 수분이 적어서 에너지 효율을 높이기 때문이다. 하지만 완전히 연소되지는 않는다. 중합체 안에 포함된 물질도 완벽하게 연소되지 않는데, 이 물질들은 생산할 때 사용한 첨가제와 플라스틱이 사용되는 동안 끌어당긴 오염물질이다.

플라스틱을 태우면 독성 가스와 증기가 포함된 연기 그리고 그만큼의 미세 먼지가 발생한다. 미세 먼지는 대기로 배출되기 전에 처리되지만, 그래도 공기의 질을 떨어뜨린다. 고체 쓰레기는 연소 후에도 원래 무게의 30퍼센트 정도가 남게 되는데 확인되지 않은, 잠재적으로 위험한 재료가 포함되어 있다. 달갑지 않은 쓰레기들은 사라지지 않고 늘어날 것이고 인간은 쓰레기들을 잊기 위해 눈에 띄지 않는 장소를 찾는 것 말고는 무엇을 해야 할지 모른다. 결국 **플라스틱의 연소**로 인해 이산화탄소 형태로 탄소가 배출되고 그중에는 소량의 메탄과 아산화질소도 존재한다. 그리고 가스는 온실효과와 지구온난화에 일조한다.

어떤 기술은 이글거리는 열을 이용해 일부 플라스틱을 에너지로 바꾼다. **열분해**는 재료를 300~900℃로 가열해 산소를 제거한다. 이를 통해 휘발유, 디젤, 가스를 얻는다. 플라스틱을 태우는 것이 아니라 액체와 가스가 될 때까지 분해하는 것이기 때문이다. 이에 따른 결과는 이렇다. 플라스틱에서 나온 연료는 연소할 때 석유 연료만큼 이산화탄소(CO_2)를 방출한다. 하지만 이때 방출되는 이산화탄소와 부수적인 일산화탄소(CO)의 양은 플라스틱 쓰레기를 단순히 태울 때 발생하는 양보다 적다.

그러나 열분해는 거의 수익성이 없다. PE나 PP 같은 일부 플라스틱에는 적용할 수 없기 때문이다. PET나 PVC 또는 바다에서 찾은 분해된 플라스틱과 같은 다른 플라스틱들도 적합하지 않다. 이 기술은 잘 분류된 플라스틱과 고품질의 플라스틱에만 적용할 수 있다.

여기서 플라스틱은 연료와는 달리 석유의 탄소를 억제하고 생산과 운송에 필요한 양을 제외한 소량의 CO_2만 배출한다는 점을 알아야 한다. 플라스틱이 이산화탄소를 발산하고 플라스틱의 '**탄소 발자국**' 문제를 만드는 것은 태울 때뿐이다.

결론적으로 플라스틱으로 석유를 만들기 위해서는 궁극적인 두 종착지 중 하나를 선택해야 한다. 하나는 우리의 자연과 건강을 오염시킬 수 있는 끈질긴 미립자 안에 탄소를 잡아두는 것이고, 다른 하나는 플라스틱을 태워서 온실가스로 탄소를 배출해 우리의 자연과 건강 모두를 위협하는 지구온난화에 기여하는 것이다.

소각과 열분해는 위험성만큼이나 장점도 있다. 그래서 국가마다 평가와 관리도 다르다. 그렇다면 매립과 소각은 어떠한가? 프랑스 지도자들은 플라스틱 쓰레기 더미들에 대한 더욱 적절한 해결책을 찾아야 한다는 것을 알고 있었다. 그래서 매력적이고 유망한 재활용을 선택했다. 적절하지 않은 재순환에 말려드는 실수를 범하지 않기 위해 그들이 그 한계를 잘 인지하고 있다는 조건 아래 찾은 방법이 바로 매력적이고 유망한 재활용이었다.

뭔가 잘못 돌아가고 있다! 재활용의 모호함

2017년 7월, 세계는 얼마 전부터 대양에 모여 있는 플라스틱 환류와 해양 식물의 배에 가득 차 있는 플라스틱 물건들 그리고 음식물에 든 미세 플라스틱에 분개하고 있었다. 연소와 하치장은 더 이상 해법이 아니었다. 순환 경제를 위한 유럽 전략의 여세를 몰아 프랑스는 거창하게 기후 계획을 발표했다. '2025년까지 플라스틱 100퍼센트 재활용'이라는 그 목표 때문에 나는 지금 책상 앞에 앉아 있다. 플라스틱 재활용에 대해 15년을 연구했으니, 재활용에는 한계가 많아 100퍼센트라는 목표는 엉터리에 가깝다는 것을 잘 알고 있다. 우리의 책임자들은 자명한 이치인

듯 '모든 것을 재활용해야 한다'고 강요하며 그 외 보완적인 모든 선택지에 대한 토론의 장을 닫아버린다. 나는 이들이 재활용이 가진 미덕의 가치마저 떨어뜨리지 않을지 걱정된다. 여기서 이를 가는 소리가 들리는데 과학자들이 나서지 않는다면 누가 이런 진실들을 상기시킬까?

뒤죽박죽인 '재활용'이라는 용어부터 정리해보자. 순환 경제에서 말하는 '진정한' 재활용은 쓰레기가 다시 온전한 본래의 재료가 되는 것을 의미한다. 그래서 여러분이 만약 유리를 녹인다면 원래 재료와 구별할 수 없는 똑같은 품질의 녹은 유리를 얻게 된다. 철도 '똑같다'. 병이나 칼도 전보다 더 약해질 것이라고 걱정할 필요 없이 다시 만들 수 있다. 여러 번 이런 과정을 반복해도 최종적으로 만들 물건의 품질은 훼손되지 않는다. 완전한 닫힌 고리의 재활용이다.

반대로 플라스틱의 경우 '다운사이클링'에 더 가깝다고 말할 수 있다. 소위 '재활용된' 플라스틱은 대부분 (쓰레기통에 너무 많은 플라스틱이 뒤섞여 있어 모두 분리하기 어렵기 때문에) 제대로 분리되지 않은 채 파쇄되고 물이나 세제로 표면을 세척한 후 다시 녹여진다. 그러나 그렇게 얻은 재료는 품질이 떨어진다. 중합체 목걸이가 끊어지고 사슬 길이가 짧아지며 응집력이 떨어지기 때문이다. 그런데 플라스틱은 표면 세척으로 제거되지 않는 불순물을 흡수한다. 파스티스를 담았던 컵을 떠올려보라. 이처럼 사용자의 안전을 위험하게 만들지 않는다면 식품을 포장하거나 자동차 부품을 만드는 데 다시 사용될 수도 있을 것이다. 그래서 재활용된 플라스틱은 물병이나 자동차의 에어백과 같이 덜 '까다로운' 제품들을 만드는 데 쓰인다. 예를 들어 프랑스의 일부 지역에서 모은 요구르트병은 스페인이나 독일로 떠나고 결국 그곳에서 은퇴한다. '다운사이클링된' 재료는 원래 재료보다 성능이 떨어지기 때문에 저렴한 가격으로 새로운 요구르트병이 아닌, (나무나 테라코타를 제치고) 옷걸이나 꽃병으로 다시 태어난다. 두 번째 생이 끝날 무렵 이 플라스틱은 생산 재순환 고리에 다시 합류할 수 없고 쓰레기통으로 향한다. 우리가 플라스틱 유산을 미래 세대를 위해 마련해놓는 셈이다.

> 다운사이클링은 열린 고리 재활용인 셈이다. 플라스틱 재활용은 쓰레기를 더 멀리 버리기 위해 지구의 자원을 끊임없이 캐내는 병따개 원리로 작동한다. '다운사이클링'은 플라스틱을 한 번 더 재순환해 덜 엄격한 제품으로 탄생시킬 수 있다. 그러나 결국에는 복구할 수 없는 '쓰레기'로 끝나게 된다. 플라스틱을 끝도 없이 100퍼센트 재활용해 그 쓰레기들을 사라지게 만든다는 것은 꿈같은 이야기이다.

유럽에서는 평균적으로 폐플라스틱의 14퍼센트가 재활용을 위해 수거된다.* 보잘것없는 이 수치 중에서도 4퍼센트는 그 과정 중에 소실되고 쓰레기로 버려진다. 8퍼센트는 가령 한 번 사용하면 다시 재활용할 수 없는 폴라플리스 상의를 만드는 등 다른 용도로 다운사이클링된다. 결국 얼마 안 되는 비율로 (주로 PET 물병이) 재생되어 거의 전과 똑같이 사용된다. 하지만 두 가지 한계점이 있다. ① 이 과정은 한 번의 순환 과정만 거친다. ② 그래서 충분한 품질의 재료를 얻기 위해서는 새 플라스틱 재료와 폐플라스틱을 섞어야 한다.

플라스틱 쓰레기를 '재활용'하면서 새 플라스틱의 소비는 그만큼 줄이지 않는 영악한 국가들이 있다는 것을 짚고 넘어가는 것이 좋겠다. 노르웨이, 독일, 스웨덴을 예로 들자면, 이 국가들은 플라스틱을 재활용하는 비율이 대략 40퍼센트에 달한다.** 하지만 '새' 플라스틱의 소비는 그만큼 줄이지 않고 있어 재활용 비율은 의미 없는 수치다. 이 말은 플라스틱 쓰레기의 40퍼센트를 다시 개량하지만, 똑같이 재사용하지는 않는다는 것을 의미한다. 똑같이 재사용한다면 수요를 충족시키기 위한 새 중합체는 더 이상 필요 없을 것이기 때문이다.

재활용에 모든 것을 걸기 전에 우리의 결정권자들은 재활용을 분명하게 정의해야 한다. 최후의 수단으로 머지않은 미래에 쓰일 '진정한' 재활용 기술 발전에 사활을 걸어보는 것이다. 그

* www.ellenmacarthurfoundation.org/publications/thenew-plastics-economy-rethinking-the-future-of-plastics
** www.plasticseurope.org/application/files/6315/4510/9658/Plastics_the_facts_2018_AF_web.pdf

러나 이는 상당히 무모한 일일 수 있다. 오늘부터 환경에 관한 논의가 시작되더라도 일련의 플라스틱 종류에 끝도 없이 적용할 수 있는 기술이 가져올 환경적 이익은 아직 정립되지 않았기 때문이다. 〈프랑스 퀼튀르(France Culture)〉(프랑스의 공영 라디오 채널 - 옮긴이)의 한 기자는 나에게 "당신은 극단적 비관론자인가요?" 하고 물었다. "지구가 내일 멸망하기 때문에 해야 할 일이 전혀 없다고 생각하시나요?"라는 의미다. 아니다, 오히려 그 반대다. 나는 천성이 낙천주의자다. 그래서 복잡한 문제의 한계를 고려하며 그 해법을 생각하는 것을 즐긴다. 나는 오래전부터 더 많은 청중이 내 이야기를 듣도록 어떻게 해서든 긍정적인 요소를 넣으려고 애썼다. 이를테면 PET 재활용 메커니즘은 완벽하다고 설명하는 것이다. 그러나 완벽하지 않은 재활용도 있다는 것을 나는 분명히 알고 있다. 나는 스스로에게, 그리고 기꺼이 내 말을 들어주는 사람들에게 솔직해야만 한다.

우리가 도달할 수 없는 목표인 '100퍼센트 재활용'에 모든 관심과 노력을 기울인다면 더 효과적인 다른 조치들을 단념하게 만들 위험이 있다. 플라스틱 소비를 줄이는 것처럼 당장에라도 쉽게 할 수 있는 조치들이 있기 때문이다. 산업들은 이런 변화에 사회와 함께해야 하며, 정치인들은 우물쭈물 시간만 지체하는 모호한 상황에서 벗어나야 한다. 시간이 촉박한데도 산업계는 산업화 이후 무감각한 상태에 빠져서 재활용만 믿고 현재에 만족한다. 우리가 플라스틱 문제를 정면으로 돌파하는 것을 지체할수록 이를 통제하기는 더 어려워진다.

'다운사이클링된' 플라스틱의 어두운 길

재생되면서 중질의 플라스틱이 된 다운사이클링 플라스틱에는 심각한 문제가 있다. 새로운 판로를 찾아야 한다는 점이다. 노후화된 플라스틱에 새로운 쓰임새를 부여하려면 또 다른 재순환이 우리 소비 모델에 추가되어야 한다. '재활용'해 쓰레기 발생을 줄인다는 이유로 문제의 관점을 바꾸면서 우리는 더 많은 플라스틱을 개발하고 그에 따른 쓰레기의 미래는 제대로 관리하지 못하고 있다.

플라스틱을 다운사이클링하는 화려한 과정은 인간적이고 환경적이다. '일석이조'의 효과를 내기 위해 전문가들은 남방 국가들의 주택이나 학교를 짓는 데 쓰일 대들보나 벽돌을 만들기 위해 플라스틱 쓰레기를 재생한다. 다른 곳에서는 길을 포장하는 데 타르 대신 중고 플라스틱을 쓰기도 한다. 패션 산업에서는 천연섬유 대신 재활용된 플라스틱으로 만든 새로운 섬유를 제안한다. 한 손으로는 우리 쓰레기를 치우고 다른 손으로는 가난한 사람들에게 저렴하고 새로운 재료를 주는 것이다. 하지만 이는 선의로 포장된 지옥이다. 거의 공짜에 가까운 중고 플라스틱은 계속 분화되어 결국 우리 환경에 미세 혹은 나노입자로 끝나기 때문이다. 동시에 환경 문제를 일으키지 않는 나무, 돌, 마와 같은 귀한 지역 재료들과 경쟁하여 이 재료들을 사라지게 만들 것이다. 이와 함께 노하우는 무르익고 관련 전문가들의 일자리도 늘어나게 된다. 부유한 국가는 개발도상국에 폐의류들을 떠넘기듯 수출해 저품질의 플라스틱이 섬유 산업을 파산시키는 방법으로 관련 산업을 위험에 빠뜨린다.

쓰레기에 있어서는 마피아도 빠지지 않는다. 이탈리아 남부지역에서 경찰은 살충제에 오염된 농업용 비닐을 재활용한 마피아 조직을 해체했다.[*] 오염물질이 담긴 오수는 자연 속으로 흩어지고 대충 오염을 제거한 플라스틱은 아시아로 수출되어 신발 제조에 쓰이는데, 여전히 유해한 이 신발은 다시 이탈리아로 되팔린다.

재활용이 가진 병따개의 마지막 역효과는 다운사이클링이다. 우리가 버린 플라스틱 쓰레기들을 눈앞에서만 사라지게 만들어 죄책감을 덜어내는 것이다. 채워지지 않는 소비 욕망과 문제 해결을 미루는 데 더 이상 죄책감을 느낄 필요가 없어진다. 우리가 버린 쓰레기가 국경 밖에서 처리되면 분명 우리의 죄책감도 사라진다. 폐전자제품의 플라스틱은 (우리가 공들인 비물질화의 성가신 허울이 되어) 여러 아프리카 국가에 구호 목적으로 보내지면 세계 환경 보호 시민들의 레이더에서도 사라지고 만다.

물론 플라스틱 수거와 재활용을 통괄하는 기구들은 우리 지

---

* www.ouest-france.fr/europe/italie/recyclage-deplastique-contamine-un-reseau-mafieux-demantele-enitalie-6580615

역에서 이 모든 것을 합리적이고 조직적으로 꾸려나간다. 하지만 내가 알기로는 2017년까지 재생품에 포함되는 플라스틱 쓰레기가 대부분 해외, 특히 중국으로 보내졌다는 것을 어떤 기구도 알리지 않았다. 2016년에는 우리가 사용한 플라스틱의 10퍼센트 이상이 이렇게 수출됐다. 게다가 이 수치는 '추적할 수 있는' 플라스틱 15개 중 3개 품목만 포함하고 있다. 그런데도 가장 많이 읽힌 플라스틱과 플라스틱 쓰레기에 대한 어떤 보고서도 이를 분명하게 밝히고 열린 토론을 벌이지 않았다.

2018년 9월 탐사 프로그램을 본 시청자들은 기겁했다. 프로그램에서 노동자들은 파랗고 하얀 거대한 쓰레기 산을 오르고 있었다. 탄자니아의 공장 뒤뜰에 가려진 플라스틱 에베레스트 산은 '재활용될' 수백만 개의 병으로 이뤄져 있었다. 하지만 아무도 어떻게 해야 할지 알지 못했다. 착각은 모든 차원에서 드러난다. 플라스틱의 미래 정보는 명확하고 투명해야 하지만 사실 그렇지 않은 것이다. ('재활용'됐길 바라며) '재생'이 됐든 아니든 우리가 버린 쓰레기의 종착지는 어디일까? 이 문제를 해결하기 위해서는 '재활용' 쓰레기통에 플라스틱 쓰레기를 버리는 것만으로는 부족하다.

한 번만 가능한 재활용

과학자란 자고로 현실과 타협하려는 사람들을 곤란하게 만들더라도 사실을 확인하는 사람이다. 나는 10년이 넘게 파르마에 있는 유럽식품안전청 본사를 오가며 식품과 접촉하는 플라스틱의 재활용 안전성을 실험했다.

우리는 이곳에서 현재의 산업 차원에서 존재하는 '진정한' 재활용에 가까운 방식과 **'PET병으로 하는 기계적 병 재활용'**이라 불리는 방식에 대해 연구했다. 가장 깨끗하고 끈질긴 쓰레기인 PET로 만들어진 병을 주로 사용하는 방식으로, 플라스틱을 분리하고 작은 조각으로 분쇄해 세척한 후 오염을 제거해 다시 중합하는 것이다. 그 결과로 '리사이클 PET(rPET)'로 불리는 재활용된 플라스틱 재료가 탄생했다.

어느 날 내가 유럽식품안전청의 기피 인물이 된 걸 알았다. 두 가지 사실을 발표한 결과였다. 첫 번째 사실은 이런 일련의 과정을 거치면 원재료의 품질이 떨어진다는 것이다. 리사이클 PET에는 제거되지 않은 불순물이 일부 남아 있다. 출하되면 여러분은 원래 PET보다 덜 투명하고 더 노랗고 덜 질긴 리사이클 PET를 얻게 된다. 이런 결함을 감추기 위해 새 플라스틱을 종종 섞기도 한다. 이는 우리가 가진 훌륭한 재활용 방법이지만 우리가 소비하는 전체 플라스틱의 단 2퍼센트만 차지하는 PET병에 국한해 사용할 수 있는 방법이다. 플라스틱의 기계적 재활용은 본질적으로 일부 중합체에는 제한된다.

- F. Welle, 《Twenty years of PET bottle to bottle recycling - An overview》, Resources, Conservation and Recycling, 55, 2011, p.865-875.

두 번째 사실은 플라스틱은 식품 포장에 다시 쓰이려면 단 한 차례만 재활용될 수 있다는 점이다. 실제로 식품 포장은 완벽한 위생 안전성을 보장해야 한다. 짧은 접촉으로도 플라스틱에 함유된 다른 물질이나 첨가제 혹은 불순물에 식품이 오염될 수 있기 때문이다. 당국은 질이 낮은 포장재의 시장 진입을 허용하기에 앞서 위험 물질이 이동하는 것은 아닌지 소비자들을 위해 확인해야 한다. 유럽식품안전청이 포장재의 재활용 과정을 평가하고 허가 여부를 밝히는 것은 이 황금률에 달렸다.

실제로 생수병에는 제조자가 설계 과정에서 의도적으로 넣은 첨가제뿐만 아니라 수명이 다할 때까지 접촉하는 예기치 못한 모든 오염물질이 함유되어 있다. 유럽식품안전청에서 모든 오염 위험성을 계산했고 무시할 수 있는 수준임을 밝혔다. 하지만 이 계산은 단 한 번 순환된 경우에 한해 적용되고 우리가 내린 결론은 그 조건 아래에서만 유효한 것이다. 여러 번 재활용된 플라스틱은 사용/제염 과정을 여러 차례 거칠수록 첨가제와 점점 더 변질된 오염물질이 축적되지 않는다고 장담하기 어렵다. 더욱이 순환할 때마다 소중합체라 불리는 목걸이의 모든 조각이 떨어져 식품으로 흘러들 위험도 있다.

그러니 사용/오염 과정을 여러 번 거친 후 재활용/제염 과정을 거친 플라스틱이 '식품에 접촉해도 안전'하다고 할 수 있을까? 내가 아는 한, 현재로서는 '안전하지 않다'는 것이 답이다.

유럽위원회는 '순환 경제를 위한 유럽 전략*'을 2017년부터 적용해 식품과 접촉하는 포장재의 기계적 재활용을 촉진하고 확대 허용했다. 이 전략이 발표되고 몇 달이 지난 후 나는 한 회의에 초대받았다. 그 회의의 목적은 이 전략의 실현 가능성을 논하는 것이 아니라 (사전에 논의한 적이 없음에도) 가능한 한 빨리 이 전략을 실행하는 것이었다. 그때는 몰랐지만, 이것이 이 기관의 전문가로서 내가 참여한 마지막 회의였다.

유럽위원회의 특사는 우리에게 정보를 주고 우리의 평가를 촉진하고 더 많은 플라스틱이 평가받도록 할 의무가 있었다. 하지만 나는 내 견해가 이들의 기대와 동일 선상에 있지 않음을 일찍 간파했다. 그래서 '100퍼센트 재활용'이라는 목표와 한 번 순환된 경우에만 적용되는 평가 원칙 사이의 모순과 양립 불가능에 역점을 두고 우리가 제거해야 할 장애물들을 (무시하거나 피할 수 있을지 모르지만) 지탄했다. 상부에서 내린 결정들을 실행하는 데 집중하지 않고 이 목표의 실현 가능성에 대한 문제도 제기했다.

특사는 제 역할을 하기 위해 와 있었지만, 나는 스스로 부여한 내 역할을 하면서 그의 임무를 지연시켰다. 내가 보기에 그는 무분별해 보이고 이상한 유럽의 '플라스틱' 전략을 실행하는 데 몰두하고 있었기 때문이다.

리사이클 PET의 '생애' 초반부터 사용 여건을 어떻게 설계하기 때문일까? 이 PET는 어떤 상태일까? 어떻게 새 PET를 구별하고 심하게 훼손된 PET는 어떻게 분리할 수 있을까? 재순환을

• ec.europa.eu/environment/circular-economy/pdf/plasticsstrategy-brochure.pdf

거칠수록 축적되고 손상되는 첨가제들은 어떤 상태일까? 제염으로 증발시키는 매우 무거운 오염물질들은 세척할 때마다 얼마나 없어질까? 순환을 거칠수록 오염물질은 얼마나 쌓일까? 노후된 PET는 식품을 보호하는 성능도 유지하게 될까? 모두 대답하기 힘든 질문들이다. 내가 동의의 의미로 서명한 모든 보고서는 명확하게 답하고 있다. 기계적 재활용의 안전성은 한 번 순환된 재료에 한해 평가됐고 이를 기준으로 모든 것이 허가를 받는다는 것이다.

여하튼 그 유명한 회의 이후로 내 직무는 유럽식품안전청의 '재활용' 부서에서 벗어난 적이 없었다. 바람직하게 업무를 수행한 10년 후에도 나에게 소식을 전하는 우편이나 전화는 없었다. 하루아침에 위원회의 회의 소집도 끊겼다. 유럽식품안전청에서 겪은 100퍼센트 재활용에 대한 이야기를 전부 말할 순 없지만 대신 이 책을 쓰게 되어 기쁘다. 유럽식품안전청의 전문가 직위를 겸하며 책을 쓰는 것은 더 복잡한 일이기 때문이다.

6

녹색
열풍

2020년이 다가오면서 우리는 매일 아침 매체에서 플라스틱 쓰레기의 폐해를 확인한다. 라디오를 끄고 신문을 덮으면서 물 한 잔을 마시려고 해도 플라스틱 병을 잡게 된다. 이 병은 결국에 지구 반대편으로 추방될 것이다. 그리고 그곳의 물은 필시 미세 플라스틱에 오염됐을 것이다.

여론의 이런 방향 전환 속에서, 중합체는 지구온난화, 사회 위기, 구매력과 함께 우리의 큰 걱정거리가 되어 가고 있다. 각양각색의 다양한 행동들이 우리의 걱정거리를 덜기 위해 돌풍처럼 일어났다. 국제연합, 각국 정부, NGO, 기업들과 시민들 모두가 동참했다. '쓰레받기 국가(pays-poubelles)'들은 산업국가의 쓰레기를 받아 처리하는 것을 거절했고 모험가들은 바다 표면에 떠다니는 플라스틱 쓰레기를 낚시하러 떠났다. 일부 마법 같은 해법들이 미디어에서 각광받았고 기업들은 아무 잘못 없는 중합체가 오명을 썼다며 비난했다. 이 전투에서 길을 찾기는 어렵다. 플라스틱 행성은 해법을 찾기 위해 끓어오르고 있지만 냄비 안에서 끓고 있는 음식의 맛을 평가하기란 어렵다.

재활용 행성이 몰락한 날

2017년 7월 어느 날, 플라스틱 쓰레기 무역에 먹구름이 꼈다. 중국이 세계무역기구에 6개월 안에 폐플라스틱을 받지 않겠다고 선언한 것이다. 중국은 2013년에 이미 '녹색장성' 캠페인을 벌이며 이를 예고한 바 있다. 중국의 결정을 '국가의 검(National Sword)'이라고 불렀다. 세계에서 가장 부유한 국가들은 어느 날 그들의 **플라스틱 쓰레기**의 70퍼센트와 '재활용할 수 있는' 플라스틱의 50퍼센트 이상을 수십여 년 전부터 동남아시아와 태평양 인근의 가난한 국가들에 보내왔다고 밝혔다.

중국의 발표를 들으며, 대양에 떠다니는 쓰레기 수프의 주범으로 의심받는 플라스틱 쓰레기가 강가나 해안을 덮어버린 이미지들이 갑자기 떠올랐다. 몇 년 전부터 이런 충격적인 이미지들이 넘쳐나기 시작했다. 지구 반대편에 사는 사람들은 쓰레기를 수거하고 분리하는 교육이 부족하다고 생각하게 되는 암묵적인 메시지였다. 우리는 그들보다 쓰레기를 더 잘 처리하고 있다고 믿으면서 말이다. 하지만 쓰레기를 양심적으로 쓰레기통에 분리 배출하도록 제대로 교육을 받은 유럽과 미국의 시민들은 이 쓰레기가 대부분 다른 곳에서 온다는 사실을 알고는 충격과 공포에 휩싸였다. 이들은 지구 반대편에 버려진 쓰레기를 보고 분개했겠지만, 아마도 그들 자신이 버린 것들이었을 것이다.

2017년부터 2018년 사이에 중국으로 수출되던 '재활용할 수 있는' 플라스틱의 99.1퍼센트[*]는 갈 곳을 잃었다. 서방국가는 일격을 당했다. 무엇을 해야 할지 모른 채 자신들의 플라스틱 쓰레기를 갑자기 마주하게 된 것이다.

중국이 국가의 검을 발표하면서 우리가 충격에 휩싸이기도 전에 미국과 유럽에서는 소위 '재활용할 수 있는' 플라스틱 쓰레기로 창고가 이미 넘쳐나고 있었다. 중국이 그렇게 국경을 봉쇄한 지 겨우 몇 달이 지난 2019년 봄에 필라델피아가 쓰레기를 처리시설이 아닌 소각장으로 보낸 사실이 알려졌다. 멤피스 공항은 그 후 하치장 위로 비행할 수 있는 선로로 변경하기도 했다. 플로리다주의 한 도시는 해법을 찾을 때까지 '재활용할 수 있는' 쓰레기 수거 프로그램을 그냥 중단시켜버렸다.

차제에 다른 국가들도 쓰레기를 단호하게 거절했다. 기후 변화라고 하면 스웨덴의 그레타 툰베리가 떠오르는 것처럼 플라스틱 쓰레기라고 하면 작업모를 쓴, 단호하고 당찬 30대 젊은 아시아 여성이 떠오른다. "선진국은 우리나라로 쓰레기를 보내는 것을 중단하라"라고 선언한, 말레이시아의 에너지과학기술환경부 장관인 여 비 인(Yeo Bee Yin)이다. 유럽과 북아메리카가 수출한 플라스틱 쓰레기로 오래전부터 몸살을 앓고 있던 말레이시아도 중국의 뒤를 따라 쓰레기 처리로 발생하는 오염으로부터 자국

---

[*] resource-recycling.com/recycling/2019/01/29/chinaplastic-imports-down-99-percent-paper-down-a-third/

민을 보호하려고 부단히 노력 중이다.

그에 따라 2019년 6월, 여 비 인 장관은 자국에 있는 수많은 플라스틱 재활용 처리장을 폐쇄할 것이라고 발표했다. 그러면서 대부분 불법으로 자국에 들어오는 수백만 톤의 쓰레기를, 보내온 국가로 다시 돌려보낼 것이라고 단언했고 1년이 채 지나기도 전에 실행에 옮겼다. "플라스틱 쓰레기 처리 방법을 되돌아보고 개발도상국으로 쓰레기를 보내는 것을 중단할 것을 산업국에 요청한다"라는 장관의 발표가 전파를 타고 전 세계에 전해졌다. "만약 말레이시아로 플라스틱 쓰레기를 보낸다면 우리는 가차 없이 다시 돌려보낼 것이다. 말레이시아는 세계의 하치장이 아니다"라고 덧붙였다. 몇 개월 후 베트남과 인도네시아도 그 뒤를 따라 플라스틱 쓰레기를 수입하지 않겠다고 발표했다. 스리랑카, 태국, 캄보디아, 필리핀과 같은 다른 국가들도 자국에 쌓이고 있는 외국의 플라스틱 쓰레기에 항의하고 있다. 2019년 6월 69개의 쓰레기 컨테이너가 캐나다로 반환됨에 따라 마닐라와 오타와의 수년간의 협상이 끝났다. 필리핀의 로드리고 두테르테 대통령은 "대대적인 환영식을 준비하라"며 "원한다면 먹어도 좋다"라고 도발하기도 했다.

* www.la-croix.com/Monde/Asie-et-Oceanie/LAsie-veut-etre-depotoir-lOccident-2019-08-04-1201039287

양심 수출하기

부유한 국가의 시민으로서 프랑스인들이 곧장 스스로 모순에 빠지게 되는 부분은, 수십 년간 그들의 나라를 우리가 오염시켰다는 것이 아니라 머나먼 이 도시로 쓰레기를 보내고 있었다는 사실조차 몰랐다는 점이다. 더구나 우리는 이 국가들이 자국의 쓰레기를 처리할 줄 모르고 심각한 해양 오염에 책임이 있다고 진심으로 비난했다는 점도 간과해서는 안 된다. 그러면 분노와 불신, 의심이 뒤섞인 질문들이 쏟아지게 된다. 가장 정직한 협회들이 내놓은 어떤 수치들도 엄청난 양의 쓰레기 수출에 대해 말해주지 않았다. 대체 누가 알고도 말하지 않은 것일까?

폐플라스틱의 미래에 대해 정기적으로 발표되는 수치들과 결산 보고의 내용을 짚어가며 보고서의 책임자에게 문의해보니 수출된 폐플라스틱은 정식으로 재활용됐다고 간주되어 '재활용'란에 기입되는 것으로 보인다. 여기서 잘못된 점이라면 국가마다 다른 '표준'이다.

플라스틱을 중심으로 일상용품 포장재의 재활용에 자금을 조달하는 프랑스 업체 시테오(Citeo)는 "시설 전체가 체계적으로 관리되고 있다. 허가를 받은 시설인지, 시설에 쓰레기 처리에 관한 지역 규정을 준수하는 적절한 기술이 있는지 확인한다. 그러나 이 시스템에 오류가 없지는 않다. 결함이나 부정행위도 나타난다. 우리가 본 (특히 말레이시아의 자연에 프랑스인들이 버린 쓰레기 같은)

이미지들은 지엽적이다. 전 세계가 이런 상황에 한탄하고 있다. 이런 상황 때문에 한편으로 보면 잘 돌아가는 시스템까지 비난받고 있기 때문이다"라고 설명한다.

프랑스에서 당시 생태전환부 장관 프랑수아 드 뤼지(François de Rugy)는 지구 반대편에서 발견된 프랑스의 쓰레기에 대한 질문을 받자 분개하며** "우리가 버린 쓰레기를 유럽 내에서 재활용한다는 규정이 유럽 차원에서 제정되길 바란다"고 말했다. 상황을 고려했을 때 플라스틱의 공격에 맞서는 우리 지도자들의 당혹감이 고스란히 보이는 대목이다. 실제로 여러 연구를 통해, 지구 반대편으로 보내진 플라스틱들은 재산업화하기에는 아주 까다롭고 그만큼 오염도 가장 심하다는 점이 드러나기도 했다.

다소 적어 보이는 재활용 비율도 솔직히 말하자면 이제는 의심스럽다. 재활용 플라스틱의 수출은 유럽의 '플라스틱' 전략들에 쓰인 신뢰할 만한 분석들의 레이더망을 어떻게 교묘히 피할 수 있었던 것일까? 2019년에 발표된 정보 브로슈어를 보면 수거된 우리의 폐플라스틱 절반가량이 해외로 보내진다고 쓰여 있다.*** 그렇다면 관련 전략들은 이런 정보를 어떻게 이해하고 적용한 것일까?

모든 플라스틱을 '재활용'해야 하는 그리 머지않은 미래에 대

• 2019년 10월 1일에 진행된 시테오 재활용 팀장인 소피 제니에(Sophie Genier)와의 전화 인터뷰
•• 위고 클레망(Hugo Clement) 기자의 조사, 콘비니 뉴스(Konbini News), 2019년 8월.
•••ec.europa.eu/commission/sites/beta-political/files/plastics-factsheet-global-action_
   en.pdf

해서는 논할 것도 없이 프랑스 정부와 유럽은 이 엄청난 목표의 시점을 2025년으로 정했다. 2025년이 코앞에 다가왔는데도 말이다! 그런데 이 목표에 대한 중요한 질문을 던지게 된다. 프랑스에서 소비되는 모든 플라스틱을 재활용할 수 있을까? 그렇다면 어디에 쓰이게 될까?

프랑스에서 수치는 쉽게 계산된다. 2020년 프랑스는 '똑같이 재생'한다는 의미에서 PET의 투명 수지 병들만 정확하게 처리할 수 있다. **프랑스의 두 시설에서** 이를 담당하는데 파리에 있는 프랑스플라스틱재활용(FPR)과 부르고뉴에 있는 앙피네오(Infinéo)다. 프랑스플라스틱재활용은 연간 3만 톤을, 앙피네오는 2만 톤을 처리할 수 있다. 두 시설이 매년 프랑스에서 소비하는 플라스틱 500만 톤의 1퍼센트를 해결하는 셈이다. 따라서 나머지 99퍼센트는 5년 이내에 어떻게 해결해야 하는지 방도를 찾는 것이 프랑스 정부의 과제로 남았다. 기적같이 모든 종류의 플라스틱이 재활용된다고 하더라도 엄청난 양의 작업 수준에 맞추려면 현존하는 시설과 처리 능력이 같은 시설들을 5년 동안 쉼 없이 매달 건설해야 한다.

쓰레기 처리의 주요 당사국들이 재활용에 대해 발표하며 우리를 안심시키는 동안, 일각에서는 이들이 소위 재활용할 수 있는 우리의 폐플라스틱을 받아줄 새로운 지역을 찾고 있다고 의심했다. 절망스럽게도 여전히 답이 없는 근본적인 의문은 이런 것이다. 정부는 국민이 버린 폐플라스틱에 당장 무슨 일이 생기는지 알고 있는 것일까? 이 쓰레기의 미래에 투명성을 부여하는 것이야말로 필수적인 첫 번째 단계로, 이를 위해 우리 의원들은 투쟁해야 한다. 우리의 장기적 관점을 흐리고 환경을 일선에 둔다는 당면과제를 포기하게 만드는 애매모호함에서 벗어나기 위한 '필수 불가결한' 조건이다.

친환경 운동화를 신은 새로운 구원자들

쓰나미처럼 밀려드는 플라스틱에 맞서는 새로운 모험가들이 나타났다. 항해자이자 청소부인 그들은 검게 그을린 피부에 환경 보호를 신념처럼 내걸고 승산 없는 싸움을 하러 떠난다. 대양 표면에 둥둥 떠다니는 플라스틱 '수프'를 공격하려는 것이다. 노련한 바다 전문가든 기발하고 활동적인 청년이든 새로운 탐험가들은 저마다 더욱 창의적인 함대를 타고 떠난다. 수백 명의 탐험가가 이곳에 들러 우리의 소비주의가 남긴 쓰레기들을 다시 건져 올리기 위해 그물로 끌어올리기, 해수면 훑기, 로봇 청소기처럼 빨아들이기 등 갖은 방법들을 동원한다. 이런 방법들은 가령 국한된 장소에 폐플라스틱이 유출된 경우에는 분명 효과가 있을 것이다. 하지만 이들의 노력은 플라스틱의 세계적 소비를 먼저 줄이지 않는 한, 시시포스의 형벌처럼 헛수고가 될 것이다. 침수된 곳을 재빨리 물걸레질하는 순발력도 분명 칭찬할

만하지만 수도꼭지를 잠그는 것이 더 효율적이다.

그러니 바다에 떠다니는 플라스틱이 전 세계의 플라스틱 쓰레기 빙산의 일부에 지나지 않는다는 사실을 잊어서는 안 된다. 대부분이 육지에, 하치장에, 매립지에 숨어 있다.

물, 토양, 식품에 이미 스며든 미세 플라스틱을 건져내려면 미세 플라스틱을 멈춰줄 더 촘촘한 그물망을 개발해야 할 것이다. 물에서 건져 육지로 가져온 플라스틱 조각들을 모아둘 다른 점유지를 찾아 플라스틱 쓰레기가 더 쌓이지 않게 해야 한다. 그렇지 않으면 우리의 토양과 물을 점령하려고 플라스틱이 또다시 도망쳐 더욱 미세한 입자가 될 위험이 있다. 바다에서 플라스틱을 수거하는 일은 그 전과 후에 이런 문제들이 분명하게 제기된다면 유용해 보인다.

그러는 사이 우리의 모험가들이 건져낸 플라스틱은 너무 유명해져서 다른 분야의 관계자도 뛰어들었다. 마케팅 전문가들이 바다에서 건진 폐플라스틱으로 만든 옷, 탄산음료 병, 샴푸와 같은 '친환경' 제품을 파는 금쪽같은 기회를 포착하고 과거이자 미래의 쓰레기를 구입하는 것은 '친환경적인' 행동으로 여겨질 방법을 고안한 것이다. 그렇게 '바다 오염을 방지할 수 있는' 운동화가 탄생했다. 버려진 그물망으로 건져낸 나일론으로 만든 것이기 때문이다! 재활용된 실이 한 짝에 13그램 들어가고 나머지는 모두 새 재료가 사용되는데도 말이다. 최근에 출시된 운동화에는 바다에서 건진 플라스틱 병 11개가 한 짝씩 녹아 있다. 수영복, 티셔츠, 요가복, 레깅스도 비슷하다. 바다에서 건진 플라스틱으로 만든 제품을 구입하는 것은 이제 바람직한 행동으로 여겨진다. 그렇게 설득된 책임감 있는 소비자들은 지갑을 쉽게 연다. 패션을 좋아하는 사람들도 기업 이미지를 좋게 만들기 위한 이벤트로 생산되는 한정판 친환경 신발을 너도나도 사려고 한다.

이에 동참한 '책임감 있는' 스타들이 고래 배 속에서 발견한 중합체들로 만든 드레스를 입고 미래의 레드카펫 위를 거니는 모습을 상상해보자. 수백만 유로에 달하는 쓰레기이자 고도로 동원된 사치다. 공격적인 패션산업에서는 더할 나위 없이 좋은 홍보 방법인 셈이다. 끊임없이 플라스틱을 제공하면서 플라스틱 쓰나미에 대한 우리의 불안을 잠재울 수 있는 방법이기도 하다. 바다에서 건진 플라스틱으로 이런 제품을 만드는 것이 엄청난 규모의 플라스틱 오염을 인식하는 행동 양식으로 받아들여지더라도 안타깝게도 우리의 플라스틱 소비를 줄이는 데 기여하진 못한다. 오히려 그 반대로 바람직하게 소비하고 있다는 인상을 소비자에게 심어줄 뿐이다.

전문용어라고 다 좋지만은 않은

기후변화가 우리의 토론, 우려, 삶의 방식을 변화시키는 것에 대한 동기의 중심이 되기 시작했다. 이런 현상만큼이나 놀라운 것은 기후변화에 대한 바람직한 인식이 플라스틱에 대한 과학적 불신을 가리는 경향을 낳았다는 점이다.

이를테면 무해성이라고 하면 탄소 발자국이 낮다는 것을 떠올리게 된다. 실제로 새 플라스틱이든 재활용된 플라스틱이든 플라스틱의 탄소 발자국은 금속, 유리, 마분지보다 대부분 낮다. 플라스틱을 구성하는 중합체 사슬에 석유 탄소가 함유되어 있기 때문이다. 플라스틱을 태우지 않을 때 플라스틱이 방출하는 유일한 이산화탄소는 생산에 사용되는 에너지이다. 그래서 플라스틱은 탄소 발자국이 낮기 때문에 수송 에너지가 절약되고 방출되는 이산화탄소는 적다. 그럼에도 다시 한 번 말하지만, 플라스틱은 오랜 시간에 걸쳐 천천히 조각으로 분해되어 우리의 환경과 건강에 영향을 미친다는 점을 잊어서는 안 된다.

이산화탄소 방출로 설명되지 않는 플라스틱의 위험성은 최근 보다 '명백'해졌다. 물과 공기, 음식의 질이 떨어지면서 우리는 이 위험성을 이미 겪고 있다. 그러나 복잡하게, 때로는 먼 미래에 위험성이 천천히 나타나기 때문에 아직 기록을 남기기는 어렵다. '자연환경 감상벽'을 조금도 허용하지 않는 탄소 수치들을 근거로 들며 주변에 있는 '플라스틱 비판자(plastic bashing)'를 안타깝게 보는 사람들 때문에 이러한 위험성은 저절로 잊힌다.

또 다른 예시는 스포츠 브랜드에서 출시한 스마트폰용 애플리케이션이다. 간결하고 심플하게 디자인된 애플리케이션은 천으로 된 에스파드류와 여러분의 운동화가 각각 환경에 미치는 영향을 비교한다. 결과는 명료하다. 액정화면에 작은 크기의 숫자로 폴리프로필렌보다 면이 환경을 더 오염시킨다고 알려준다. 제품 생산에 쓰이는 물, 에너지, 화학제품과 그에 따라 배출되는 이산화탄소를 비교하는 것이다. 하지만 미세입자로 자연에 오래 남아 있는 영향에 대해서는 고려하지 못한다. 몇 달이면 자연에 흡수될 에스파드류의 섬유와 달리 합성섬유로 만든 러닝화는 몇 세대에 걸쳐 사라지지 않고 분해되어 자연을 오염시킨다.

일반적으로 우리의 환경 논쟁을 뒷받침하는 환경 영향 수치들은 일종의 큰 '수챗구멍' 같아서 플라스틱에 대해 논할 때 쉽게 빠져버린다.

어느 여름날 오전, 빵을 먹으며 대표적 일간지의 '오피니언' 난을 읽다가 목이 막힐 뻔했다. 지속 성장 분야의 한 고문 기관이 플라스틱 쓰레기 문제의 해답으로 단순하게도 '플라스틱 중립성'을 내세운 것이다. 마치 일부 기업들이 '탄소 중립성'을 목표로 삼은 것처럼 말이다. 한 기업이 새 플라스틱을 계속 사용할 '권리를 갖기' 위해 재활용에 자금을 대기만 하면 된다는 것과 같은 맥락이다. 나무를 심어서 배출한 이산화탄소를 조금 보상하는 식이다. 그런 식이라면 나는 한 손으로는 재활용하면서 다른 손으로 새로운 쓰레기를 만들 수도 있다. 예를 들면 한 곡물바 제조 회사가 동남아시아 해변에 있는 플라스틱 쓰레기를 수거하는 데 자금을 대면서 '플라스틱 중립성'을 고려하고 있다.

수톤의 쓰레기를 수거하고 재활용하면서 '플라스틱 발자국'을 상쇄한다고 여기게 만드는 것이다. 그러나 단연코 등가 법칙은 성립할 수 없다. 지금까지 재활용으로 플라스틱이 사라지지 않았고 재활용된 플라스틱은 새 플라스틱을 대체하지 못했기 때문이다. 가능했다면 곡물바 포장지는 틀림없이 재활용된 깨끗한 플라스틱으로 만들었을 것이다. '플라스틱 중립성'은 확실히 기만적인 용어이다.

기업 자문의 젊은 군인들

플라스틱 공포를 관찰하는 나의 감시소는 흥미로운 곳에 있었다. 다양한 분야와 교류할 수 있기 때문이다. 좌현에는 연구 분야가, 우현에는 산업이 그리고 바로 앞에는 당국이 있었고 조금 멀리에는 정치권과 NGO와 언론이 있었다. 얼마 전부터 나는 매우 활동적인 관계자들이 새로운 그룹을 만들어 자문소를 세우는 것을 지켜봤다.

대부분 열정적인 젊은 학위 취득자들은 대기업들이 직면한 플라스틱 문제를 해결하도록 돕기 위한 조촐한 회사를 차렸다. 몇 년 전만 해도 피자가 식지 않게 포장하거나 탄산음료의 가스가 새지 않게 해주는 기적의 재료를 찾도록 도와주기만 했다. 그런데 대략 2016년 이후부터는 굴지의 고객들이 대규모 임무를 맡기러 청년들을 찾아오기 시작했다. 플라스틱 쓰레기 문제가 CAC40(프랑스의 대표 주가지수로 40대 우량 기업을 모아 놓은 지수 - 옮긴이) 기업들을 포함하여 모든 기업의 걱정거리였기 때문이다. 젊고 용감한 자문 군인들의 지원 요청이 내 메일함과 전화 응답기에 쌓였다. "안녕하세요. 중요한 고객 한 분이 새로운 친환경 플라스틱 용기를 찾고 있습니다. 만나서 이야기를 나눌 수 있을까요? 물론 편하실 때 저희가 찾아뵙겠습니다." "안녕하세요, 선생님. 바다를 구하기 위한 기업가 모임의 일환으로 저희 고객과 전문가의 만남을 추진하고 있습니다. 혹시 참석하실 수 있을까요? 비용은 저희가 지불합니다." "대기업들을 위해 저희가 기획한 '플라스틱 포장의 재발견' 대회에서 수상한 청년들을 도와주실 수 있을까요?"

최근에 폴리에틸렌과 알루미늄 혼합물의 판로를 연구하기 위한 만남에 우편으로 초청받았다. 이 재료는 식품 포장에 사용된 다층 구조의 팩에서 나왔다. 사용한 팩은 플라스틱 재활용 쓰레기통에 배출해야 하지만 아무도 어떻게 해야 하는지 모른다. 요청한 청년은 편지에 '포장재 기업들이 보조금을 받고 있지만, 이 산업은 판로가 드물고 기한도 얼마 남지 않았습니다'라고 썼다.

이 메시지는 순환 경제를 목표로 한 경쟁 속에서 포장 기업의 현 위치를 말해준다. PET 물병과 일부 HDPE(고밀도 폴리에틸렌)로 만든 병을 제외하고 2025년 전까지 생산 제품의 쓰레기를 재사용할 수 없다. 그래서 기업이 적은 비용으로 해결책을 찾고자 용감하고 어린 정찰병을 보낸 것이다. 나는 이런 요청에 감동받았다. 이 청년들이 무언가를 바꾸도록 도와줄 마음이 진심으로 생기기도 했다. 나는 쓸모 있는 사람이 될 수 있고 이들은 미래이기 때문에 나의 교육자 기질이 발동한 것이다. 플라스틱 갤리선 안에서 턱밑까지 쫓긴 대기업들은 공장과 노하우, 전체 계열사들에 투자했다.

그러나 나는 이 젊은 군인들의 야망이 그들의 수단을 크게 넘어섰다는 것을 알았다. 그들에게는 견고한 전략에 관심을 가질 만한 시간도 자금도 없어서 결국 새롭지는 않지만 환경 미화적인 아이디어로 급선회하게 된다. '녹색으로 외벽 칠하기', 즉 그린 워싱(green washing)이라는 의심은 점점 커지고 그에 따라 호의는 점점 떨어져 그들의 이야기를 듣고만 있게 되었다.

바이오 로고가 붙은 정글 속에서

폐플라스틱에 대한 우려가 커질수록 '친환경' 플라스틱 기획자들과 그들의 커뮤니케이션 서비스의 창의력은 날로 발전했다.

'친환경' 플라스틱의 정글을 탐험한다면 가장 자주 마주칠 수 있는 것이 '**바이오 기반**' 플라스틱이다. 유기농업에서 온 것도 아니고 생분해되는 것도 아니다. 탄화수소가 아닌 옥수수나 사탕수수 같은 재생 가능한 자원을 사용해 석유 부족에 대한 오랜 걱정을 시원하게 날려버린다. 이 플라스틱은 석유 부족에 대한 불안감을 풍기고 또 이런 이미

3장에서 설명한 바이오플라스틱은 내가 보기에 큰 두 가지 결점이 있다. 첫 번째로 쓰레기와 관련된 어떤 환경 문제도 해결할 수 없다는 것이다. 가령 사탕수수로 만든 폴리에틸렌 가방은 석유를 기반으로 한 폴리에틸렌과 분자구조가 같아서 무기물이 되기까지 수세기가 걸린다. 재활용되는 비율도 극히 낮아서 기존 폴리에틸렌 가방의 수만큼 훗날 거북이나 가마우지를 질식시킬 것이다. 쓰레기봉투를 만들기 위해 식량 자원을 사용하는 것이 합리적이라면 2050년 100억 명이 될 인류의 식량은 어떻게 되는 것일까? 석유 부족 위기를 식량 부족 위기로 전환시킬 위험이 있는 것이다.

플라스틱 정글에서 여러분은 아마도 다른 종류의 플라스틱도 만나게 될 것이다. 고백하건대 내가 사족을 못 쓰는, 바로 **생분해** 플라스틱이다. 바이오나 석유를 기반으로 만들 수 있고 재활용할 수도 있다. 진정 생분해되는 재료로 몇 개월 만에 자연에서 저절로 분해된다. 또한 감자 껍질이나 나무 톱밥만큼이나 무해하다.

생분해 플라스틱은 정원 깊숙한 곳의 퇴비 속에서 생을 마치며 몇 개월 만에 분해된다. 만약 퇴비가 제대로 관리되지 못했거나 여러분이 북극 근처에 산다면 몇 년 후에는 비료가 될 것이다.

> **생분해 플라스틱으로 만든 식기나 칫솔은 메탄화 시설에 들어가 가스로 전환되어 에너지가 된다. 프랑스의 많은 도심 버스가 쓰레기통에서 얻은 이 연료를 쓴다.**

설사 하치장에 묻혀 있더라도 생분해 플라스틱은 분해되어 무리 없이 재순환 고리에 합류할 것이다. 자연조건에서 생분해되는 플라스틱은 본래 미세입자가 될 위험성이 없어서 플라스틱 오염 문제의 실질적이고 구체적인 해법이다.

천지에 널린 '친환경' 상표는 생분해 플라스틱 세계에 대한 의심을 심어준다. 유럽연합은 '생분해'라는 용어의 정의를 왜곡하는 어려운 일을 해내며 다른 플라스틱의 카테고리에 포함시켜 버렸다. PLA는 60℃ 이상에서만 생분해되는 플라스틱이다. 자연에서 생분해되는 것이 보고 싶다면 지구온난화를 부지런히 부채질하면 된다. 그래서 가정용 퇴비에 플라스틱을 놓거나 자연에 버린다면 석유화학 플라스틱보다 잘 변하지 않아서 분해되지 않는다.

PLA는 본래 파기할 수 있지만, 별도로 수거해 산업용 콤포스트로 특수처리를 해야 한다. 그런데 이 수거 과정은 프랑스를 포함하여 대부분의 나라에서 잘 이뤄지지 않는다. 대부분 헷갈리고 맞는 방법인지 모호해서 많은 소비자가 PLA를 재활용 쓰레기통에 넣는다. 그러면 재활용 과정에서 활발히 반응하게 된다. PLA로 만든 제품이 PET병 재활용 과정에 들어가면 고온에서 녹기 시작해 산업적 제염 과정 전체에 혼란을 야기한다.

'OK Compost' 로고는 여러분의 가방이나 컵이 완전히 사라지려면 관련 시설과 현재는 존재하지 않는 '적절한' 수집 방법이 필요할 수 있다는 의미다. 이런 문제가 발생하지 않으려면 자연조건에서 생분해되는 플라스틱은 새로운 라벨이 필요했다. 그렇게 'OK Home Compost'가 탄생했고 자연에서 완전히 사라지는 쓰레기를 구별한다.

이 글을 읽고 있는 여러분도 머리가 아플 것이다. PLA는 음식을 가지고 다니기 위한 식기나 컵 외에도 섬유 응용 분야에 자리잡거나 '더 친환경적인' 3D 프린터에 여전히 쓰인다. PLA를 분명하게 탐지하려면 중앙에 있는 숫자 7 주변으로 화살표가 그려진 삼각형 형태의 뫼비우스의 띠를 찾아야 한다.

최근 언론에서도 PLA의 생분해성을 의심하는 목소리들이 나오기 시작했다. 하지만 '생분해 플라스틱, 생분해되지 않아'와 같은 제목을 달아 생분해 플라스틱 전체의 가치를 하락시키기도 한다. 동시에 일회용 플라스틱은 재활용과는 대조적으로 비난받고 있었다. 이런 캠페인은 끈질긴 석유화학 플라스틱 제조업체에게는 희소식이었다. 이들은 두 손을 들며 한탄한다. "여러분이 생분해 플라스틱을 원하지만 결국 그런 건 없다. 그러니 여러분은 생분해 플라스틱을 버리지 말고 우리가 '진정한' 재활용 플라스틱을 생산할 수 있도록 해달라!"

생분해 플라스틱에 대한 이런 혼란은 예측 부족, 무지, 조급함과 같은 애매한 이유에서 비롯된다. 그리고 이런 이유로 유럽 기관들은 몇 년 앞서 정의상 '생분해되는' 플라스틱에 산업적으로 퇴비로 사용할 수 있는 플라스틱을 포함시켜 버렸다. 그것도 자연조건에서 분해되는 플라스틱과의 변별력 없이 말이다.

생분해 플라스틱은 온갖 의심과 혼란을 일으켰고 이런 혼란은 생분해와 재활용을 비교하게 만들었다. 그러나 마치 종이와 마분지의 경우처럼 무엇도 생분해 플라스틱이 재활용되는 것을 막지 못했다.

플라스틱화된 우리의 정신

기업들에 이상적인 플라스틱인 LE를 제안하려고 노력한 지도 30년이 됐다. 이 플라스틱은 석유화학 플라스틱과 성능이 같으면서도 무해한 자원을 사용해 자연에서 저절로 분해된다. 우리 연구팀과 나는 쓰레기를 먹고 사는 미생물로 만든 플라스틱에 '합성 PHA'라는 이름을 붙였고 기술적으로 그리고 정신적으로도 허용되는 타협점을 마침내 발견했다. 남은 것은 수용할 만한 외모를 만들어주는 것밖에 없었다. 농업용 쓰레기로 만든 우리의 플라스틱 용기가 탄생한 것이다! 용기는 햄버그스테이크 포장이나 '일반적인' 요구르트병과 거의 비슷했다. 하지만 반세기 동안 자연을 오염시키는 일은 없을 것이다. 식량이 아닌 바이오 기반 플라스틱이면서 다운사이클링이 되는 동시에 자연 속에서 생분해되는 드문 재료에 포함된다. 그만큼 자신 있었다! 나무, 종이, 마분지, 섬유처럼 다른 재료들은 이미 이런 조건을 충족한다. 하지만 이중 어떤 재료도 플라스틱과 비슷한 우리 용기만큼 매끈하고 균질하지 않다.

우리의 심적 상태를 보여주는 특별한 사건이 있었다. 나는 과일과 채소 포장에 쓰일 새로운 친환경 재료 개발을 위한 유럽 연구팀의 활동을 조율하고 있었다. 우리의 목표는 감자, 파, 양배추 등의 운반용 봉투와 용기를 대체하는 것이었다. 합성 PHA 용기를 소개하는 회의에서 동료들은 조사 결과를 근거로 소비자들이 과일이 보이는 투명한 포장 용기를 원한다고 확신했다. 회의실에는 망연자실한 분위기가 감돌았다. 동료들이 시장 조사 결과에 집착하지 않도록 말려야 했다. 플라스틱 봉투가 마트에서 금지되면 대신 과일과 채소 선반에 있는 종이봉투를 쓰게 될 것이고 봉투가 투명하지 않다고 비난하지는 않을 것이라고 설득했다. 목적은 파와 무를 담아 이동하는 것이지 저렴하게 플라스틱을 흉내 내는 것이 아니다. 우리가 소비자들의 요구에 맞춘 제품을 제안한다면 소비자가 우리를 따를 수도 있다. 무엇도 우리에게 폴리에틸렌 봉투의 특징을 흉내 내라고 할 수 없다. 우리의 사고방식이 '플라스틱처럼' 된 것이라는 생각이 들었다. 우리는 스스로 플라스틱을 필수품으로 만들어서 없어서는 안 될 것이라 믿고 있는 것이다. 물론 플라스틱은 비범한 특성이 있고 일부 쓰임새에서는 불가피하기도 하지만, 사용 가능하고 저렴하며 무해해 보여서 플라스틱을 사용하는 것이다. 우리가 플라스틱의 위험성을 느낀 이상 '플라스틱' 안경은 벗어버리고 우리를 재발견해야 한다.

무해한 플라스틱이 기적같이 출현하기를 기다리는 동안 당신은 간단한 방식들을 시범 삼아 시작해볼 수 있다.

1. 당신이 갖고자 하는 (플라스틱) 물건은 잠시 잊고 당신이 기대하는 기능과 실제로 가능한 기능들에 집중해보자. **기능성**에 집중하는 것이 가장 중요하다. 당신은 왜 그 재료와 그 물건이 필요한가? 물건을 사용하는 모습을 몇 초간 상상해보자. 그 물건 없이도 지낼 수 있을까? 그렇다면 그 물건은 포기하자. 최소한 미래의 쓰레기일 뿐이니까! 물건 없이 지낼 수 없다면 다음 단계로 넘어가자. 단 매번 자문해보자. 답은 쉽게 바뀔 수 있다.

2. **쓰레기**로 넘어가자. 진정 생분해되는 것, 유리나 금속으로 만든 제품, 천연섬유 혹은 이 재료들과 혼합된 물건들처럼 쓰레기가 됐을 때 장기적으로 분명히 무해한 재료나 제품을 골라보자.

3. 마지막으로 **자원**에 대한 질문을 자신에게 던져보자. 사용된 자원

이 식량 생산과 경쟁 관계에 있지 않다는 것이 명확하지 않다면 바이오플라스틱은 주저 없이 무시하자.

4. '플라스틱 발자국'에 대해 이야기해본 후에는, 재료나 물건의 **탄소 발자국**과 생산 조건, 이와 더불어 재활용까지 면밀하게 따져보는 일만 남았다.

묵살 전략

인간은 참 재미난 동물이다. 자연에서 '어떤 것도 사라지지 않고 새로 생기지 않으며 모든 것은 변화한다'는 말을 '모든 것은 살 수 있고 모든 것은 축적되며 어떤 것도 사라지지 않는다'라는 소비주의로 바꾸고 있으니 말이다. 한 손으로는 소비하기 위해 지구에서 자원을 퍼내면서 다른 손으로는 지구를 위험하게 만드는 소비 찌꺼기를 쌓고 있다. 단순하면서도 장기적으로는 버틸 수 없는 방식이다.

자연 속에서 모든 존재는 생의 순환을 겪는다. 인간, 식물, 나무, 동물도 마찬가지다. 인간은 현대화되고 도시화되면서 노화와 죽음 사이의 어려운 관계 속에서 자신의 순환을 포함해 자연 순환의 현실로부터 서서히 단절된 것 같다.

인간은 순환이라는 관념과 다시 관계를 회복해서, 행동에 따른 필연적인 결과와 후손들에게 남길 쓰레기 유산에 대응했다.

부와 일자리를 끊임없이 창출하며 쌓여가는 쓰레기를 제거하기 위해 다시 한 번 앞장서서 순환을 만들었다. 그렇게 인간은 생산 모델의 힘을 빌려 순환하는 경제를 떠올리게 된 것이다. 반복적으로 새것이 되는 플라스틱 쓰레기는 또다시 쓰레기가 되어 원재료로 다시 태어나고 생산/소비라는 새로운 순환을 키웠다. '호모 사피엔스'는 기술 발전이라는 식상한 논리를 좇으며 자신이 만든 문제를 해결하려고 했다. 나는 "당황할 것 없다. '그들'은 언젠가 기술적 해법을 찾아낼 것이다! '그들'은 플라스틱 쓰레기를 없애는 데 필요한 것을 발명할 것이다!"라는 말을 종종 듣는다.

인간은 자신을 구원해줄 발명을 기다리는 동안 일회용 플라스틱을 비판하면서 앞서 발명한 진보의 작은 일부분을 문제 삼았다. 유럽에서 수명이 짧고 금세 쓰레기통이나 자연에서 발견되는 '소소한' 플라스틱의 사용을 금지하는 법령˙을 제정한 것이다. 그럼으로써 인간은 플라스틱 덕분에 아낀 '소소한' 시간들을 비난했다. 샌드위치로 식사를 때우는 것, 면봉으로 귀지를 없애는 것, 소풍에 일회용 식기를 사용하는 것, 그리고 손에 묻은 작은 티끌을 물티슈로 닦는 것 등 일회용품으로 아낀 시간들 말이다. 정작 최신 고속열차나 자랑스럽게 여기는 행정 문화 건물에 대해서는 말이 없다. 37쪽에 달하는 복잡한 법령에서 인간

˙ 유럽의회와 유럽위원회가 일부 플라스틱이 환경에 미치는 영향을 줄이기 위해 2018년 제안한 법령.

은 비밀스럽게 우회로를 마련해놓았다. 가방이나 접시, 컵을 더 두툼하게 만들기만 하면 '재사용할 수 있'도록 만들어 '일회용' 카테고리에서 빼버린 것이다. 어느 정도 재사용할 수 있는지 혹은 아예 불가능한지는 중요하지 않다. 결국 특정 목적으로 사용되는 플라스틱 재료의 양이 일회용 플라스틱보다 더 많아지게 되기 때문이다.

플라스틱에 대한 우리의 행동을 분명하게 하기 위해서는 사고방식의 변화가 필요하다. 유럽, 그다음으로 프랑스가 '재활용'에 힘을 싣기로 결정했을 때 가짜 정보들이 넘쳐났다. 내가 작성한 수백 건의 과학 발간물들은 과들루프의 바나나 생산자들이 겪는 문제들을 해결하기 위해 제시한 녹말 그릇만큼 헛되어 보였다. 30년을 공들인 이상 나는 플라스틱 세계에서 벌어지는 착오들을 조용하게 지적하는 것으로는 성이 차지 않았다.

2017년부터 나는 회의나 심포지엄, 심지어 커피 자판기 앞에서도 과학자 동료들이나 기업인들의 눈을 뜨이게 하려고 노력했다. 재활용의 한계를 대중에게 설명하기 위해 〈더 컨버세이션 (The Conversation)〉(비영리 독립 뉴스 플랫폼으로 공익을 위해 전문가의 의견들을 싣는다 – 옮긴이) 사이트에 기사를 쓰기도 했다.

나는 〈프랑스 퀼튀르〉부터 〈캐시 인베스티게이션(Cash Investigation)〉 (프랑스의 공영방송 〈France 2〉의 시사 고발 프로그램 – 옮긴이)까지 편집국을 순회하며 나의 메시지를 가능한 한 간단하고 구체적으로 전달하려고 했다. "플라스틱 재활용이 답이 아니다. 수도꼭지를 잠가 **침수를 막을** 생각은 하지 않고 흡수력 떨어지는 걸레로 계속 닦는 것과 같은 처사다"라고 말이다. 사물의 복합성을 길들이길 좋아하는 모든 과학자처럼 이만큼 단순화하는 것이 나에게는 어려운 일이었다.

플라스틱 오염에 대한 토론에 참석하기 시작하면서부터 기후변화를 설명하려고 했던 1세대 연구자들과 많은 부분에서 통하게 되었다. 이 연구자들도 수년간 무관심과 장애물만 만나며 쇠귀에 경을 읽어주고 다녔던 것이다. 이전 세대들이 쟁취해 우리에게 안겨준 안락함을 조금이라도 포기하려는 사람은 없었다.

하지만 바야흐로 한 발짝 물러나 멀리 보고 물질주의와는 다른 안락한 삶을 근본으로 삼아야 할 때다. 플라스틱의 탄생 이래 우리는 플라스틱을 더 저렴하고 더 유연하며 더 실용적으로 만드는 방법에만 골몰해왔다. 우리의 삶에 지장을 준 후에도 플라스틱의 끝이 어떤지 그리고 다음 세대에 어떤 영향을 미치는지에 대해서 의심하지 않은 채 말이다. 우리가 신성시하는 경제력보다는 사전예방원칙과 우리의 안녕에 더 많은 자리를 내줘야 할 때인 듯하다.

진정한 미덕을 가진 플라스틱이 발명되기까지 우리의 소비를 고려하면서 플라스틱의 진정한 가치를 평가하는 방법을 배울 수 있다. 오늘날 플라스틱은 너무 저렴하고 어디서든 쉽게 구할 수 있어서 우리 눈에 그 **가치**가 제대로 보이지 않는다. 플라스틱 없이 사는 법을 배워보면 우리의 소비 방식에서 그 가치를 발견할 수 있을 것이다.

플라스틱의 위험성에 귀 기울여주는 사람들이 점점 많아지고 있다는 것을 느끼고 있다. 건강을 해칠 수 있다는 경고가 한몫했다. 일부 시민들이 기후와 '쓰레기 제로'를 위한 행진에 동참했다. 특히 이 운동에 참여하는 청년들은 나에게 큰 힘이 됐다. 그들 앞에 펼쳐질 삶의 여건을 위험하게 만들고 있다는 우리의 외침을 듣기 위해 모인 청년들을 봤을 때는 위안이 될 정도였다. 2018년부터 별도 포장 없이 판매하거나 식품의 경우 회수용 포장 용기를 활용한 매장들이 많아졌다. 2019년 봄에는 폭발적으로 늘어 라디오에서는 온종일 특별 편성을 했고 방송도 모두 관련 프로그램이었으며 신문도 관련 기사로 도배되기도 했다. 플라스틱 쓰레기가 온통 넘쳐나서 '소비를 멈춰야 한다'는 메시지가 제 길을 가기 시작한 것이다. 때로는 잘못된 정보들도 많았지만 그래도 나는 기뻤다. 결국 대중이 플라스틱에 대한 탐심(貪心)과 미래에 벌어질 위험들을 인지했기 때문이다.

하지만 결정권자들은 들은 체 만 체했다. 플라스틱의 폐해로부터 우리를 보호하기 위해 공동의 노력을 기울이도록 경제 주체들을 설득하기로 한 듯한 이들은 극소수에 불과했다. 기후변화에 관한 정부 간 협의체(IPCC)처럼 플라스틱 오염의 영향에 관한 국제 전문가 그룹을 설립해야 할 때가 아닐까? 에너지처럼 플라스틱도 기업들이 특정 기본 원칙을 준수할 의무를 골자로 한 환경보증을 제정할 수도 있을 것이다. 지금으로서는 새 플라스틱에 환경오염 비용을 고려해 세금을 부과하려는 용감한 정치인이 아무도 없다. 플라스틱 소비를 줄이기 위한 대중 정보 캠페인을 지지하는 사람도 없다. 하지만 많은 시민들이 귀를 활짝 열고 플라스틱의 필요성과 커져가고 있는 불신 사이에서 갈등하고 있다.

7

화면 일시 정지

직업이나 현지 시간 혹은 우리의 지리적 위치가 무엇이든, 우리는 끊임없이 플라스틱의 안락함을 즐기고 싶은 바람과 플라스틱이 가진 중독성과 위험성을 이해하는 마음 사이에서 갈등한다. 집에서든 회사에서든 계속되는 고민에 고통스럽다. 그러나 이런 괴로움은 우리의 가치관과 생활 방식을 천천히, 하지만 확실하게 바꿀 것이다.

여기서 잠시, 현실에 기반을 둔 몇몇 가상 인물들의 일상을 살펴보면 준비된 변화를 더 잘 이해할 수 있을 것이다.

문턱에 서서

이른 아침, 한 커플이 이제 막 집을 나서고 있다. 각자 신발, 가방, 옷, 노트북에 들어 있는 2~3킬로그램 정도의 플라스틱을 짊어지고 있다. 차에 탈 준비를 마치면 플라스틱 손잡이에 손을 얹어 문을 열고 합성섬유로 만든 의자에 앉아 플라스틱 중합체로 만든 핸들과 기어를 조작한다. 그들이 나온 집 안의 방들은 모두 다양한 형태와 색깔의 플라스틱 재료로 가득하다. 하지만 그들은 실제로는 알아채지 못하고 있다.

이들은 포장지 분리배출 기준을 준수한다. 그러나 음식을 포장해서 먹는다는 것이 작은 흠이라면 흠이다. 매일 밤 초밥을 포장해오느라 7~8개 포장 용기가 쓰레기통에 쌓인다. 일요일에 산책하러 나가면 똑같은 용기와 봉투를 때로는 자연 속에서 발견한다.

이 커플 역시 그런 모습이 걱정스럽다. 플라스틱 오염의 공포를 다룬 최신 정보를 접하고 기겁하기도 했다. 연구자들이 우리가 숨 쉬는 공기 속에서 미세 플라스틱을 발견한 것이다.

몇 달 전부터 커플은 이 재앙에 맞서기 위한 운동과 협회에 관심을 가지기 시작했다. 여자는 '쓰레기 제로' 운동에 참여했고 음식을 유리 용기에 담아 도시락을 준비하려고 애썼다. 그러려면 매일은 아니더라도 저녁을 먹은 직후에 점심 도시락을 미리 준비하는 작은 열정이 필요했다. 그런데 이런 노력이 매일 '포장 음식'을 사다 먹으며 많은 쓰레기를 만들고 있는 동료들의 무관심 앞에서는 헛되어 보였다.

'개개인의 이런 행동들이 과연 의미가 있을까?' 여자는 플라스틱 컵에 담아 파는 맛있는 스무디를 거절하며 이런 생각을 했다. 자주 흔들렸지만 뿌듯하기도 했다. 남편과 함께 탄산수를 마시는 것도 그만두기로 결정했다. 대신 탄산수 정수기를 사서 탄산수를 만들었다. 더 이상은 그만큼 병을 버릴 수 없었다.

이들은 비용까지 드는 이런 노력들에서 해방시켜줄 새로운 기술과 재료가 탄생하길 바랐다. '엔지니어들은 플라스틱 쓰레기를 없앨 무언가를 반드시 찾을 것이다'라고 기대하며 자신들의 행동은 그리 인정하지 않는다. 이런 바람이 불편한 양심의 가책과 가장 부유한 국가에서 누리는 그들의 안락한 삶의 방식을 방해하는 소소한 결핍들을 없애줄 것이기 때문이다.

남자는 여자보다 적극적이지 않다. 쓰레기를 줄이려면 큰 노력이 들지만, 효과는 미미하다고 생각한다. 지난 일요일 가족끼리 점심을 먹으며 이런 생각에 대해 말했다. 나머지 사람들이 플라스틱을 펑펑 쓰는 동안 플라스틱을 포기하는 것이 왜 멍청한 짓이 된 것일까? "플라스틱이 없어지길 바란다면 유럽, 더 나아가 전 세계적인 변화가 필요해요. 그러니 행동해야 할 사람은 정치인이나 기업인들이어야 하죠!" 그는 힘주어 말했다. "맞아요. 그들은 우리 소비자들과 유권자들이 요구해야만 움직여요"라고 처제가 받아쳤다. 그런데 어떻게 요구해야 할까? 네슬레 CEO에게 전화를 걸어야 할까? 아니면 유럽위원회에? "시민-소비자만이 행동할 힘을 가지고 있어요. 이들이야말로 신용카드와 투표권을 쥐고 있기 때문이죠." 그는 플라스틱 문제에 완벽하게 들어맞는 표현이라고 거듭 생각했다. 무력감에서 벗어나고자 일상에서 플라스틱 사용 금지를 주장하는 NGO에 기부했다.

벌써 저녁 7시 45분이다. 커플은 환경 걱정은 접어두고 PVC로 만든 방문을 닫았다. 내일의 할 일이 그들을 기다리고 있었다.

문제가 된 직장생활

마침 공장의 분위기는 활발했다. 전날 회의에서 나온 이야기로 모든 생산 라인이 가동 중이었다. 크리스마스가 다가오면서 장난감 대량 주문이 들어와 벌써 준비 중이었다. 몇 년 전부터 '메이드 인 프랑스'가 인기다. 그러나 한 여성 노조원이 불쾌한 질문을 던지며 초를 쳤다. "우리는 플라스틱 쓰레기를 무더기로 생산하고 있는데 이 장난감들이 버려지면 어떻게 되는지 알고 있나요?" 한 참여자가 촬영한 장면이 직원들의 왓츠앱 그룹에서 재생되고 있다. 그 안에서 현장 소장은 넥타이를 느슨하게 풀면서 "이봐요. 지금 이럴 시간 없어요. 여기는 지구를 구하는 곳이 아니라 여러분의 일자리를 지키는 곳입니다"라고 큰 소리를 낸다.

모두가 각자의 자리를 지켰고 노조원은 일부 동료들로부터 칭찬을 받기도 했지만 다른 동료들에게는 쓴소리를 들었다. "방해하지 말고 당신은 작업 환경이나 개선하시오"라고 커피 자판기 앞에서 한 작업반장이 야유했다.

노조원은 작업 라인 뒤쪽에 앉아 바퀴 달린 장난감을 검수하며 생각에 잠겼다. 기계적인 반복 작업은 그녀에게 생각할 시간을 준다. 시민으로서 그리고 직업상 갖게 된, 플라스틱의 말로에 대한 궁금증을 억눌러야 하는 것일까? 지난주 아이들과 함께 불편한 탐사 프로그램을 봤다. 지구 반대편의 한 마을에 유럽인들이 버린 쓰레기가 여기저기 흩어져 있었다. 누구도 손대지 않은 찌그러진 우유병은 분해되려면 수백 년은 걸릴 것이다.

아이들의 눈빛이 다시 떠오르자 얼굴이 달아올랐다. "어떻게 온종일 미래의 쓰레기를 만들 수 있어요? 어른들은 무책임해요. 나중에 오염되면 우리가 참아야 하잖아요!" 딸아이가 소리쳤다. 검은 눈동자가 도전적이었다. "엄마는 무슨 노력을 하고 있어요?" 딸이 쪼그리고 앉아 무릎 위에 얼굴을 얹고는 물었다.

다음 날 라디오 생방송에서 한 NGO의 대변인이 유럽플라스틱연맹의 대변인에게 물었다. "당신은 플라스틱 쓰레기 처리에 대해서는 걱정하지 않고 매년 폐플라스틱을 수백만 톤 생산하고 있죠?" 연맹의 대변인은 재활용 통계와 바이오 기반 플라스틱, 그리고 유럽에서 플라스틱 분야가 담당하고 있는 수천 개의 일자리를 근거로 항변했다.

노조원은 회전경보등이 달린 작은 자동차를 검수하면서 마음속으로 안심했다. 플라스틱 장난감이 샴푸 용기나 요구르트병보다 내구성이 뛰어나다는 것이다. 직장의 경영진들은 회사가 얼마나 본보기가 되는 '사회적 책임' 정책을 펼치고 있는지 보여주기 위한 바이럴 동영상들을 더 많이 만들었다. "우리는 크리스마스에 불우한 가정의 아이들을 위해 1만 개의 장난감을 제공합니다"라고 한 연설에서 대표이사가 말하기도 했다. 사내 잡지 최신호에서 커뮤니케이션 팀은 폐장난감과 해변에 있는 쓰레기를 수거하는 협회에 지원금을 낸다고 자신 있게 알렸다.

'지속 가능한 발전' 팀은 직원들의 동기부여를 위해 생산에 재활용한 플라스틱을 소량이라도 사용하는 것을 검토했다. 하지만 엄격한 규정 때문에 쉽지 않았다. 규정상 사용한 중합체는 재활용되기 전에 오염 위험성이 남아 있어서는 안 되기 때문이다.

노조원은 때로 생각에 잠겼다. 정말 필요한 것은 내구성이 뛰어난 대안 재료를 찾는 것이다. 나무로 다시 돌아가야 하는 걸까? 집에서 어떻게 해야 할지 사람들은 더욱 갈피를 잡을 수 없었다. 유행하는 유아용 기린 장난감처럼 천연고무를 사용하는 것은 어떨까? 아니면 새로운 생분해 플라스틱은? 큐브나 퍼즐이 1년 혹은 2년 뒤에 부서지면 안 되는 걸까?

동시에 그녀는 원재료를 바꾸면, 일부 직업이 사라지고 직원 교육을 강화해야 하고 설비를 변경해야 한다는 것을 깨달았다. 수입 장난감과의 경쟁 때문에 회사도 발이 묶여 있다는 것을 그녀도 잘 알고 있다. 지난해 자본금에 들어간 투자금이 급격한 변화를 가져오지는 않을 것이다. '전 세계에 돈이 돌고 있긴 하지만 좋은 방향으로 도는 것인지는 확실하지 않아'라며 노조원은 한숨지었다.

그런데 그녀는 무언가 근본적으로 바뀌고 있음을 느꼈다. 그랑제콜에서 경영학을 전공하고 인사팀에 입사한 한 동료가 화를 내는 모습을 봤다. "5년 전에는 나중에 학위를 받게 될 학생들이 우리 회사 부스 앞에 줄을 섰었죠." 그는 한숨을 쉬며 말했다. "여기도 별도리가 없네요. 여덟 자리 연봉이나, 근무 시간 조정, 업무용 차 같은 조건은 아무 의미가 없어요. '플라스틱'이라는 단어를 보자마자 모두 돌아갈 테니까요."

노조원은 이런 젊은이들이 앞으로 40년 동안 매일같이 8시간을 무엇에 할애할지를 놓고 큰 결심을 한다는 것을 알았다. 지금 알게 된 사실과 함께 다시 그때로 돌아간다면 아마도 저 학생들처럼 그녀도 주저할 것이다.

쉬는 시간 알람이 울렸다. 동료들과 함께 커피 자판기 앞에서 이야기를 나누기보다 몇 가지 장을 보고 바람을 쐬기로 했다. 진정하려면 생각할 시간이 필요했다. 그녀는 아이들과 손주들이 자신을 자랑스럽게 생각했으면 좋겠다고 진심으로 바랐다.

진열대의 모순

마트의 납품 부서에서 일하는 젊은 점장은 황당했다. 과자가 과할 정도로 여러 겹으로 포장되어 있었기 때문이다. 어제는 유기농 채소가 그랬고, 오늘은 초콜릿 과자가 그랬다. 과자는 플라스틱으로 각각 '진공' 포장된 후 플라스틱을 입힌 마분지에 한 번 더 담겨 투명한 봉투로 6개씩 묶여 있었고 마지막으로 상자 전체가 더 두꺼운 플라스틱 필름으로 마무리되어 있었다. 점장은 과자 1개당 4겹으로 포장된 것이라 머릿속으로 계산했다. 정말이지 터무니없었다.

그는 셀로판 포장지를 자르며 마트 뒤에 있는 엄청난 양의 플라스틱과 마분지로 가득 찬 쓰레기통이 이제는 고객들에게 노출되지 않는다고 생각하니 기뻤다. 지난 '고객 설문조사'에서 포장지나 플라스틱을 덜 사용했으면 좋겠다는 의견들이 있었기 때문이다. 그는 그 의견에 전적으로 동의했다. 그래서 매장 입구에 '포장 용기 없는' 작은 진열대를 마련했을 때 더할 나위 없이 기뻤다. 점장은 마트가 좋은 성과를 내면 포장 용기 없는 판매에 더 많은 참조가 되리라 생각하니 신이 나기도 했다. 매장에 물건을 댈 전담 공급업체를 찾기 시작했다. 하지만 쉽지 않았다. 그는 궁극적인 목표를 생각하면서 머리를 쥐어짰다. 무분별하게 플라스틱을 입힌 종이로 포장되지 않은 비누를 찾아야 했다. 그렇게 몇 주를 찾은 뒤 마침내 포장되지 않은 비누의 견적서를 받았다. 하지만 포장된 상품의 두 배나 되는 가격이 적혀 있었다. "말도 안 돼." 점장은 몇 겹으로 포장된 과자 상자를 뜯으며 짜증을 냈다.

물론 네모로 대충 자른 듯한 투박하면서도 세련된 알렙(Alep) 비누처럼 고급 제품을 내놓을 수도 있다. 하지만 이런 동네의 이런 가게에는 어울리지 않는다. 점장이 원하는 것은 누구나 저렴하게 살 수 있는 제품이었다. "그렇지 않으면 부자들만 플라스틱 없이 살게 되고 가난한 사람들은 계속 죄책감을 느끼겠지"라며 종종 직업적 딜레마를 배우자에게 털어놓았다.

그는 유기농 채소에서 방법을 찾았다. 투명한 플라스틱에 각각 담긴 오이들은 옛날이야기다. 플라스틱 필름은 옆 진열대에 놓인 농약을 친 과일 채소로부터 '오염'을 막아주는 것 같았다. 그런데 플라스틱 자체에 의한 식품 오염은 '호르몬 같은' 플라스틱에서 유기농이건 아니건 식품으로 옮겨가는 것을 말하는 것이 아닌가?

점장은 결국 이 골칫거리를 해결했다. 지역의 채소 재배자로부터 포장 없이 과일 상자에 제철 과일과 채소를 담아 공급받는 것이다. 잔류 농약이 5미터 이상 주변으로 퍼지지 않는다고 예상하고 기존 진열대와 유기농 상품 진열대를 분리했다. 상점 '품질 관리' 훼방팀이 그의 결정을 허가할지 확신할 수는 없지만, 그와 마찬가지로 고객들은 만족할 것이다. 말도 안 되는 규정을 지키고 있다는 생각이 더는 들지 않았다.

정부 부처를 향한 의심

오늘 아침 플라스틱을 금지하라는 청원서가 우편함에 또 들어 있었다! 환경부의 여성 장관은 어떻게 답변해야 할지 이제는 알 수 없었다. 어느 날 수천 명이 구내식당에서 물병을 금지해달라고 서명하더니 다음 날에는 PVC로 만든 문과 창문을 금지해달라고 요구했고 그다음 주에는 '플라스틱 어택(Plastic Attacks)'이라는 활동을 조직했다. 장관은 운동가들이 마트를 둘러싸고 고객들에게 카트에 담은 제품들의 필요 없는 포장지를 모두 벗겨 그 자리에 버리라고 요구하는 장면들을 보았다.

'대형 마트에서 비닐봉지 사용을 금지하자 곧바로 성과가 나타났습니다. 당신은 다른 불필요한 플라스틱을 금지하지 않고 무엇을 기다리고 있는 건가요?' 장관은 마지막 청원서에 적힌 글을 읽었다. 가장 마음에 와닿는 주장이었다. 물론 장관도 환경보호주의자이고 폴리에틸렌 봉투 대신 장바구니 가방을 처음으로 사용한 사람이었다. 하지만 더 멀리 나아가고 싶어서 요구르트병이나 햄 용기를 금지한다면 제조업체에는 정말 골칫거리가 될 것이다! 담을 용기가 없다면 어떻게 상품화하겠는가?

장관은 국무회의에서 아이디어를 내려고 했다. "2030년 플라스틱 용기의 종식을 발표합시다. 그러면 프랑스는 충분히 주목받을 겁니다!"라고 주장했지만, 경제부 장관의 따가운 눈초리를 받았다. "우리는 지금 실업률을 줄이기 위해 고군분투하고 있는데 장관님은 환경보호주의자들을 만족시키자고 산업에 제재를 가하자는 겁니까? 공장 문을 닫고 일자리를 없애자는 협박이라는 생각은 안 해보셨나요?" 장관은 한숨을 쉬었다. 로드맵을 준비해서 2050년까지 금지하는 것으로 연기할 생각을 어렴풋이 해봤지만, 구체적인 정치적 관심을 끌어내기에는 너무 먼 미래다.

아이디어를 얻기 위해 장관은 당시 그가 자주 펼친 주장을 다룬 잡지를 읽었다. 2025년까지 모든 플라스틱을 재활용하겠다고 유럽 당국들이 선언한 아름다운 아이디어 말이다. 쓰레기가 도착하면 그것으로 다른 물건을 만든다. 쓰레기도 줄이고 사용되는 자원도 줄이면서 상품화할 새로운 제품을 만드는 것이다. 장관은 지치지 않고 모든 방송국과 언론들을 만나 주문처럼 전하고 다녔다. "플라스틱을 더 이상 쓰레기로 만들지 않기 위해서죠."

물론 기업인들은 모두 재활용하기는 어렵고 일부 특정 중합체에만 적용할 수 있는 기술들만 존재한다고 말한다. 장관도 산업에서 큰 목소리를 내는 이들을 잘 알고 있다. 이들은 기한 연장을 위한 협상을 벌이기 위해 항상 문제를 크게 만든다. 장관은 이번에는 강단 있게 대처할 것이다. 100퍼센트 재활용 정책을 이끄는 것이 자랑스럽기 때문이다. 유권자와 미래를 위한 구체적인 대의명분이다.

장관도 때로는 의심스러운 순간들이 있다. 예를 들면 이 연구자들이나 협회들이 폐플라스틱은 대부분 재활용되지 않아서 결국 소각하거나 매립해야 한다고 확언할 때다. 장관은 이 논의에 참여할 여유가 없다. 국민들이 플라스틱 쓰레기를 진심으로 걱정하기 때문에 정치인들은 그에 맞는 답변을 내놓아야 한다. 플라스틱 재활용이 해답이 아니라면 어떻게 안심시켜야 할까? 사람들에게 플라스틱 소비를 줄여야 한다고 말해야 할까? 이는 발전에 좋지 않고 현시대에는 들리지도 않는 답변이다. 사람들에게 과학과 기술이 끊임없이 삶의 질을 높이고 있고 언젠가 바다의 모든 쓰레기를 수거할 것이라고 이야기해야 한다.

반응은 즉각 나타났고 그 자신도 이미 냉정을 잃었다. 어느 날 라디오에서 한 청취자가 환경보호에 반하는 결정을 지지해 지구의 미래를 망쳤다고 장관을 비난했다. 이른 아침 장관은 이 이야기를 듣고 목이 멨다. 따스한 어머니이기도 한 그녀가 자신의 아이가 살게 될 세상을 망치는 데 어떻게 일조할 수 있을까?

하지만 자신이 생각한 대로 행동하기에는 운신의 폭이 넓지 않았다. 비난하는 사람들은 장관직이 곧 마술봉이 아님을 알아야 한다. 공식적으로 시민들에게 소비를 줄이라고 요청할 수는 없다. 지출을 줄이면 GDP와 일자리에 악영향을 미치게 된다. 환경보호를 위한 계획은 언제나 까다로운 일이고 아마도 10년 안에는 결과가 나타나지 않을 것이다. 플라스틱이 주는 편리함을 포기하라고 사람들에게 요청하면 지지율도 떨어진다. "그러라고 우릴 뽑은 게 아닙니다." 죄책감에서 벗어나기 위해 장관이 자주 하는 말이다. 공기 속에는 미세 플라스틱이 있고 폐 속에는 나노플라스틱이 있다. 하지만 목표 기한은 너무 멀어서 명확하지 않고 심지어 과대평가된 듯하다.

장관은 달력을 얼핏 보았다. 다음 주 브뤼셀에서 공동으로 주재하는 회의가 있다. 농업인에게 새로운 소득원을 제공하면서 석유 없이 플라스틱을 만들 수 있는지에 대한 흥미로운 주제로 논의한다. 그렇게만 된다면 경제에도 지구에도 모두 이득이다. 바이오플라스틱이 쓰레기 문제를 해결할 수는 없다고 장관은 짐작했었다. 그러나 바이오플라스틱은 자신이 소리 높여 주장해온 재활용과 완벽하게 일맥상통했고 거의 완벽해 보였다.

장관은 회의 자료를 살폈다. 유럽플라스틱제조연맹의 회장이 발언자에 포함되어 있었다. 그는 장관이 좋아하는, 똑똑하고 아주 재밌는 유형의 사람이다. 국립행정학교에 다닐 때부터 알고 지냈다. "분명 플라스틱 제품이나 파는 사람이지만 적어도 똑똑하고 재치가 넘치기는 하지"라고 중얼거리며 외투를 집어 들고 점심을 먹으러 나간다.

브뤼셀의 고층 유리빌딩

사방이 유리로 마감된 유럽위원회의 식당에서 한 남성 공무원이 당근 샐러드에 코를 박고 먹고 있다. 동료들의 빈정거림에도 그는 신경 쓰지 않는다. 갑자기 모든 게 지겨워졌다. 처음 연수를 받았던 그 순간부터 자신은 직장에 충실했다고 생각한다. 유럽연합의 결정들을 알리는 커뮤니케이션부에서 일하면서 급여도 좋았고 그만큼 삶의 질도 눈에 띄게 나아졌다. 그러나 오늘 아침 '플라스틱 전략' 업무를 맡으면서 처음으로 분노가 치밀었고 입이 근질거렸다. 커밍아웃이라도 하고 싶은 심정이었다. "저는 '플라스틱 전략'을 믿지 않아요." 나란히 앉은 동료들은 어안이 벙벙한 얼굴로 일제히 그를 쳐다봤다. "일회용 플라스틱의 사용을 금지하면 지구를 구하는 데 도움이 될 수는 있겠죠. 하지만 기업들은 '일회용 플라스틱'이라는 말을 교묘히 피해갈 수 있어요. 무슨 말씀인지 아시죠?"라고 말끝을 단다. 진지하기만 한 동료들이 '아니'라는 듯 고개를 가로저었다.

공무원은 포크를 내려놓고 결심이 선 듯 말했다. "소풍용 플라스틱 접시는 꽤 두툼하죠. 그래서 '일회용'으로 여기지 않습니다. 이론적으로 씻어서 재사용할 수 있기 때문이에요. 컵이나 봉지도 마찬가지죠! 플라스틱이 얇지 않다면 다시 사용할 수 있기 때문에 '일회용'이 아닌 것이 되고 결국 금지되지도 않아요." 옆에 있던 동료가 믿기 힘들다는 듯 그를 뚫어지게 쳐다봤다. "그러니까 상점에서 일회용 제품들을 없애는 대신 플라스틱을 더 두껍게 만들 거라는 말이죠?" 공무원은 불편한 기색을 보이며 고개를 까딱거렸다. "맞아요, 바로 그거예요! 이 지침은 플라스틱이 사라지게 하는 대신 제품마다 플라스틱을 더 붙여 만들게 할 테고 그런 쓰레기들이 버려지는 거죠."

그는 동료들의 의심 어린 말들 속에서 브로콜리를 곁들인 닭요리에 집중하며 생각에서 빠져나왔다. 선팅된 고층 유리빌딩 안에서 그는 질식할 것 같았다. '우리가 사회와 맺은 중요한 관계는 바로 산업이 2~3년 안에 재정적으로 생존할 수 있도록 대신 목소리를 내주는 거지. 산업이 제 할 일을 한다고 비난할 수는 없어. 하지만 산업의 영향력이 장기적으로 환경을 구하려는 법안을 만드는 사람에게 어떻게 도움이 되겠어?' 그는 조용히 한탄했다.

그는 지금까지 정치·산업적 압력을 멀리함으로써 허용해왔다. 하지만 플라스틱에 대해서는 수동적인 자세를 유지할 수 없다. 그럴 만한 이유가 있다. 그는 몇 년 전부터 다이빙에 푹 빠져 있어서 해양 레저로 일탈을 즐겼다. 그런데 플라스틱이 없는 곳이란 더 이상 없었다. 마지막으로 간 곳은 그리스로, 하구에 이어진 먼 바다였다. 그곳에서 수경 마스크 너머로 펼쳐진 것은 그야말로 악몽이었다. 평평하고 반투명의 옅은 색을 띤 수백만 개의 플라스틱 조각들이 눈앞에서 둥실둥실 떠다니고 있었다. 마치 햇빛 속에서 보이는 먼지 같았다. 플라스틱이 그렇게 떼를 지어 이동하고 있었던 것이다. 물고기들이 소화시킬 수 없는 작은 플라스틱을 삼키는 것을 보고 그는 기겁했다.

이 경험은 벨기에로 돌아온 그가 유럽연합이 발표를 앞둔 '플라스틱 전략'에 참여하는 데 더없는 동기부여가 됐다. 간편한 제품, 면봉, 고작 몇 분 동안 사용하는 포크들을 금지하면서 일회용 제국을 공격하는 사람들과 함께 일한다는 것이 자랑스러웠다.

일회용 플라스틱에 반대하는 캠페인을 알리려고 심혈을 기울여 논거들을 마련하고 가장 마음에 와닿을 만한 삽화와 가장 충격을 줄 숫자들을 선택했다. 하지만 그의 열정은 이내 사라졌다. 그의 시선은 규정의 세부 사항에 다소 오래 머물러 있었다. 그는 모든 과정의 중심에 있는 정의를 해독했다.

이 공무원은 시스템을 잘 알고 있었다. 일단 전략이 수립되면 회원국들은 이를 실행하고 비판이 제기되면 '브뤼셀의 관료들' 뒤로 숨어버릴 것이다.

오늘 아침에는 짜증이 한층 더해졌다. 유럽위원회는 해양오염을 막기 위한 연구운영위원회를 설립 중이다. 이 위원회를 조직하는 자리에 지명된 사람은 국제무역과 지정학 분야, 작은 환경문제 연구소에서 일한 경력이 있었다. '재정 문제가 커질 테니 석유화학 산업 전체가 패닉 상태겠군. 그 사람은 지지자들을 요직에 배치할 텐데.' 그는 커스터드 크림을 부드럽게 바르며 머릿속으로 분석했다.

공무원은 상상하기 시작했다. 만약 당국에 담배나 술처럼 플라스틱에 경각심을 주기 위한 캠페인을 벌이라고 여론이 요구한다면? 이를 위해 그는 넉넉한 연봉을 조금 포기할 각오도 되어 있었다.

그의 주변에 있던 동료들의 웅성거림이 잦아들었다. "이런, 눈에 생기가 도네요. 연애라도 하고 있어요?" 마주 앉아 있던 동료가 웃으며 물었다. 그는 아무 말 없이 자리를 박차고 일어나 16층에 있는 사무실로 향했다. 지난주에 한 NGO에서 올린 구인공고를 얼핏 봤는데 자세히 살펴봐야겠다.

NGO에서의 영광스러운 대가

"플라스틱 재활용을 위한 활동의 자금조달? 미디어의 관심을 끌 방법? 물론 우리 협회를 통해서 가능합니다." 대변인은 2년 전만 해도 귀와 어깨 사이에 수화기를 낀 채 이런 말들을 하게 될 거라고는 결코 상상하지 못했다. 이야기를 나누고 있는 상대방은 CAC40의 한 대기업에서 일하고 있는 기금 담당자로 플라스틱 오염 방지를 위한 홍보에 관심을 보였다.

이 젊은 여성은 대변인을 맡으면서 기자들이나 정치인들에게 자신의 말을 들어달라고 애원하고 기업들과 싸우는 것이 쉬귀에 경 읽기가 될 것이라고 예상해서 만반의 준비를 했다. 그런데 갑자기 여론이 관심을 두기 시작하면서 그 앞에 탄탄대로가 펼쳐졌다. 심포지엄, 원탁회의, 기업 주최 연회 심지어 영화 시사회까지…. 산업과 쇼 비즈니스 분야에서 NGO의 스폰서가 되어 활동을 지지하고 그들의 이미지에 영합하려고 했다. 회장은 여성 수영 챔피언 출신으로, 명함집이 꽉 차 있고 각종 엄숙한 자리에 참석했다.

"참고가 될 만한 재활용 활동들에 대한 자료를 준비해드릴게요." 대변인은 그렇게 말을 맺고 전화를 끊었다. 의자에 앉은 채 기지개를 켜고 일어나 창밖을 봤다. 기업이 매일 생산하는 쓰레기를 없애기 위한 활동들에 기업이 자금을 대는 것은 당연해 보였다.

재활용이라는 방법이 존재해서 다행이었다. "기업들이 재활용하기 위한 자금을 다른 방법으로 조달하는 한 플라스틱을 생산할 수 있다." NGO의 새로운 신조였다.

물론 대변인은 플라스틱의 생애주기가 복잡해서 무한히 재활용되지 않고 단기적인 해결책임을, 그리고 이 또한 일부 플라스틱에만 적용된다는 점을 알고 있다. 그러나 이것은 첫 발돋움이다. 몇 년 전 대학에서 커뮤니케이션학과 교수님이 항상 하시던 말씀이 생각났다. "우리 직업에서 미묘한 차이는 효율성의 적이다. 사람들에게 너희의 메시지가 전달되려면 원칙만 지키고 단순화하라"라고 강조하셨다.

NGO의 태도는 이제 여론에 지대한 영향을 미쳤다. 동료들과 대변인 자신조차 그들의 '언어적 요소'가 미치는 악영향에 대해 숙고할 시간이 없었다. 특히 스폰서 기업들과 홍보대사인 스타들 그리고 메시지를 퍼뜨릴 미디어의 요구사항들을 매번 통합해야 했다. 환경 보호를 목적으로 한 NGO의 커뮤니케이션 캠페인의 실제 영향은 예측하기 어려웠다.

당연한 결과지만 대변인은 또 다른 후회가 밀려왔다. NGO의 파트너사를 선택하고, 그들의 이익은 차치하는 기업들만 남겨두며, '그린 워싱'이 될 위험이 있는 활동들에 참여하지 않기 위해서는 더 냉철해야 할 것이다. 하지만 시간이 모자라다. '재계'와의 파트너십은 협회 수익의 4분의 1을 차지하고 있어서 NGO가 이 기업들에 의탁하는 한 까탈을 부려서는 안 된다.

대변인은 메일함을 봤다. 세 건의 인터뷰 요청이 긴급 사항으로 막 도착했다. 기자들은 '바다에서 쓰레기들이 얼마 만에 사라지는지 분명하게 확인하기' 위해 그녀에게 인터뷰를 요청했다. 그녀는 이를 폭로하기 위한 좋은 기회라는 만족감과 위선이라는 감정 사이에서 갈팡질팡했다. 그도 그럴 것이 그녀는 플라스틱 전문가는커녕 문외한이었기 때문이다! 이제 막 기업 커뮤니케이션학의 학위를 받았을 뿐이다. 인터뷰를 요청한 기자들은 PE, PET, PHA, PLA 그리고 그 밖의 온갖 종류가 뒤섞인 플라스틱의 정글에서 그녀 또한 헤매고 있다는 사실을 모르는 듯하다. 그녀는 '그저 정보를 주거나 전문가에게 문의해 인터뷰할 수 있겠지만 시간이 없어! 일단 뛰어들었다면 번아웃도 감내해야지'라고 생각했다.

라디오 방송국의 태세 전환

둥근 건물 안에 끝없는 이어진 복도를 최대한 빨리 걸으면서 한 남성 기자가 자료들을 뒤적거린다. 드디어 찾았다. 특히 생수병을 사는 사람들을 포함해 우리 모두 미세 플라스틱을 일상생활 중에 먹고 있다는 연구다. 바보 같기는…. 저녁 6시 라디오 뉴스에 기사를 올려야 한다, 반드시. "오히려 그다지 심각하지 않은 측면을 찾아보세요." 편집회의에서 여성 편집장이 말했다. 말이 쉽지, 우리가 매주 신용카드만큼 플라스틱을 삼키고 있다는 연구에 대해 어떻게 가볍게 말할 수 있겠는가? 한 달 사이 벌써 세 번째인 폭염과 유비키스탄에서 벌어지고 있는 전쟁 소식 사이에 끼어 뉴스 분위기는 분명히 어두울 것이다. 하지만 편집장의 말이 옳다. 해법을 제시해 가볍고 긍정적으로 접근해야 한다. 다만 문제는 기자가 이 주제를 잘 모른다는 점이다.

'플라스틱 혁신 환경'이라고 쳐보면 알고리즘이 뭔가를 보여줄 것이다. 먼저 재활용할 수 있는 플라스틱이 끝도 없이 나타났다. 기자는 입을 샐쭉거렸다. 효소니 단량체니 너무 전문적인 용어여서 도대체 무슨 말인지 알 수 없었다. 다음에 유럽에서 일회용 플라스틱 금지 관련 내용이 떴다. 제도적인 내용이다. 솔직히 누가 일회용 면봉과 식기에 관심이 있겠는가?

그 밑으로 생분해되는 새로운 플라스틱이 펼쳐졌다. 나쁘지 않았다. 만약 자연에서 플라스틱이 사라진다면 원하는 만큼 계속 쓸 수 있을 테니까. 청취자들에게 전달하기 좋은 뉴스일 것이다. 벌써 오후 3시였다. 기자는 주제를 고르느라 지체할 수 없었다. 유비키스탄 전문가를 찾느라 이미 시간을 허비했다. 생분해 플라스틱을 개발하고 있는 연구실 연락처를 서둘러 찾아서 덥석 물기를 바라며 메시지를 남겨야 한다. '긴급'이라는 제목을 달아 메일로 두 번 요청한 후 생분해 플라스틱에 대한 기사들을 대충이나마 훑어봤기 때문에 연구자와 대화하면서 헤매지는 않을 것이다.

기자는 이번에야말로 절대 실패하고 싶지 않았다. 작년에 플라스틱에 대한 취재를 맡았을 때 기업이 자신을 조종하고 있는 듯한 기분을 느꼈다. 뭐였더라? 그렇지. 한 과일주스 회사가 전례 없는 진보인 듯이 사탕수수로 만든 플라스틱 병을 개발했다고 발표한 일이었다. "21세기 친환경 플라스틱 LE가 마침내 개발됐습니다. 이젠 죄책감 없이 오렌지 주스를 살 수 있습니다." 기자의 쩌렁쩌렁한 목소리가 전파를 탔다. 그 후 한 청취자가 반은 화가 나고 반은 조롱하듯 메일을 보냈다. 그 플라스틱은 생분해되지 않기 때문에 플라스틱 쓰레기 문제를 전혀 해결하지 못한다는 것이다. '당신도 가짜 뉴스에 넘어갔군요.' 기자는 며칠 동안 기사를 정정했다. 정정 기사를 내보내는 것을 고민했지만 결국 설욕할 날을 기다리며 신중히 처리하기로 했다.

인터뷰 요청에 대한 회신 메일이 왔다. '오후 4시 반에 우리가 개발한 생분해 중합체에 대한 전화 인터뷰를 진행하시죠. 단, 플라스틱 소비를 줄이는 것이 우선순위라는 것을 잠깐 설명할 시간을 준다면 인터뷰에 응하겠습니다'라고 연구원은 답변을 보냈다. 기자는 화가 나서 수첩에 연필로 아무렇게나 휘갈겼다. 과학자들이 문제를 복잡하게 만드는 걸 좋아한다는 것은 알고 있었다. 그런 강박만은 그도 인정하는 바다. 하지만 이 여성 과학자는 라디오에서 기자가 그의 의도대로 말하도록 유도할 것이다. 25년 동안 기자는 결정권자의 자리를 즐겼다. 게다가 과학자는 메시지를 뒤죽박죽으로 만들 위험도 있다. 그는 이해할 수 있는 방책들을 강조하려고 한다. 학자 특유의 복잡하고 걱정스러운 견해는 안 된다.

시계를 보니 다른 인터뷰 상대를 찾을 시간은 없었다. 뉴스 방송 시간이 다가오고 있었다. 깊이 심호흡한 후 관심 있는 부분만 기사로 내보내리라 생각하며 메일을 보내 인터뷰 시간을 확정했다.

가만 생각해보니 라디오에 플라스틱에 대한 교육적인 내용만 내보내는 것이 좋지만은 않을 것이라는 생각이 들었다. 더럽게 복잡하기 때문이다. 플라스틱은 어떻게 만들어지고 어떤 위험성이 있고 수명이 다한 후에는 어떻게 되는지도 모른 채 모두 사용한다. 머릿속에 떠오르는 아이디어를 잊지 않기 위해 수첩에 쓰기 시작했다. 그러고는 서둘러 녹음실로 향했다. 유비키스탄 전문가와 전화 인터뷰를 할 시간이었다.

실험실에서 벌어진 반역

여성 엔지니어는 호두나무 탁자와 다른 마천루와 함께 잠겨 있는 듯한 통창이 있는 거대한 회의실에 들어와도 언제나 아무런 감흥이 없었다. 석유화학 쓰레기를 처리하는 다국적 기업의 '연구 개발' 팀에서 일한 지도 벌써 30년이다. 그녀는 1년에 한두 차례 회의실에 처들어와 자신이 진행하고 싶은 프로젝트를 변호하고 경영진들에게 필요 자금을 요청했다. 하지만 오늘은 꽤 오랜만에 긴장하고 있었다.

그녀는 석유가 아닌 자원으로 만든 생분해 플라스틱에 대한 혁신 프로그램을 회의 주제로 준비했다. 플라스틱 쓰레기가 위기라는 미디어의 주제에 대해 기업은 즉각적으로 반응했고 지도자들의 비공식 오찬도 최근 잦아졌다. 이 위기로 포장, 농산물 가공과 건설업계의 주요 고객들이 직격탄을 맞은 것이다.

엔지니어는 오염 쟁점에 두 '사회'의 사활이 걸려 있다는 것을 알고 있다. 바로 그녀가 일하는 직장과 개인의 삶이다. 직업적 일상과 개인적 욕망이 양립할 수 있기를 바랐다. 주변의 많은 사람처럼 더 건강하고 지구 친화적인 삶의 방식에 그녀도 매력을 느꼈다.

그녀는 오늘 이 주제에 대해 30년간 연구해온 공공 분야의 여성 동료와 함께 제시할 프로젝트를 지켜내야 한다. 두 연구원은 엔지니어 그랑제콜에서 알게 됐지만 각자 다른 길을 갔다. 엔지니어는 실용적으로 후한 연봉과 산업에서 연구 자금이 넉넉한 곳을 고른 반면, 동료는 더 자유롭지만 급여는 적은 공공 연구기관을 선택했다. 하지만 그녀는 산업 분야를 선택했던 것을 결코 후회하지 않았다. 여러모로 안락한 삶을 살 수 있었기 때문이다.

동료 연구팀과의 협상은 길었고 결국 플라스틱 쓰레기 처리 방법에 대한 공동 작업 프로그램과 더 친환경적인 플라스틱으로 대체한다는 데 일치를 봤다. 공공 연구실은 접근 방식이 투명하지만, 민간 연구실은 기업 비밀이 많다. 그래서 한쪽은 폐플라스틱의 장기적 영향과 해결해야 할 무지함을 강조하는 반면, 다른 쪽은 비즈니스 3년 계획과 아시아의 경쟁사들보다 선점할 시장이 목표였다. 그녀는 오늘 상사들을 설득하기 위한 근거들을 그러모았다.

그런데 아주 재미있는 일이 일어났다. 동료 연구원과 원래 30분 정도 차를 마시기로 되어 있던 약속이 그날 밤까지 이어졌던 것이다. 엔지니어는 동료의 솔직함이 마음에 들었다. "방향 전환을 위한 시간이 생긴다면 당신의 회사는 생분해 플라스틱에 뛰어들 거라고 말했죠. 이 공룡들은 자신이 견고해서 시간이 많다고 생각하는 거예요!" 차를 따라주며 동료가 말했다. 동료는 폐플라스틱이 국경 너머로 이동하는 것을 강경하게 칼같이 막아야 한다고 주장했다. "밖에 있던 오래된 플라스틱 가구를 당신의 정원에 들여놔야 한다고 생각해보세요. 차라리 나무나 금속으로 만든 의자나 탁자가 낫지 않을까요? 조금 더 비싸고 가끔 가구에 기름칠하는 시간이 들더라도 말이죠. 우리의 건강과 지구의 건강이 위협받지 않도록 이런 물건을 관리하는 데 몇 분은 할애할 수 있지 않나요?" 동료가 말했다.

때로는 동료의 '교수' 같은 면이 짜증 났다. 특히 정부 부처나 기업들과 연구기관에 대해 그렇듯 우리 경영진들에 대해 일말의 기대도 없다고 흥분할 때는 더욱 그랬다. "달리 말하자면 그 사람들은 해답을 찾기 시작할 강력한 신호탄을 기다리는 거예요. 문제의 본질을 먼저 알고 있지 않다면 어떻게 그 해결책을 생각하겠어요? 플라스틱 생애주기는 퍼즐 같아서 필요한 지식을 갖추는 데 시간이 걸려요. 처음 불안감이 든 그 순간에 서둘러 그 원인에 대해 고민해봐야 해요."

엔지니어는 동료가 살얼음판을 걷게 되리라는 것을 알았다. 상사는 미디어를 시끄럽게 만드는 귀찮은 사람들을 싫어했기 때문이다. 그런데 동료는 진정한 의미의 재활용이 아니거나 존재하지 않는 재활용을 정부가 폐플라스틱 문제의 해결책으로 제시한 것에도 반기를 들었다. 어디서 그런 전투력이 나오는지 알 수 없었다. 그날 밤 동료는 최근에 받은 메시지 두 개를 내밀며 분위기를 무겁게 만들었다.

주제 : 병원 내 플라스틱

안녕하세요, 선생님.

라디오에서 하신 인터뷰를 다시 들었습니다. (중략) 저는 의사입니다. 병원 안에 플라스틱이 없는 곳이 없다는 것을 느꼈습니다. 음식 용기부터 의료기기, 그리고 포장재들까지 말이죠. (중략) 의사라는 직업이 환자들 혹은 적어도 지구를 망치는 일이라는 생각이 들면서 이 직업을 계속할 수 있는 것인지 자문하는 지경에 이르렀습니다. 그 정도로 오염시키면서 치료를 한다는 것이 제가 보기에는 난센스입니다. (중략)

저는 38세이고 두 아이가 있습니다만, 이런 이유로 제 직업을 바꾸고 싶습니다. (중략) 직업적으로 나를 재활용할 수 있는 방법을 찾는 일만이 남았습니다. 그러면 의사로 넉넉하게 살 수는 없겠죠. 하지만 이 분야에서 새로운 직업을 찾는 데 필요한 정보들을 선생님은 아시리라 생각합니다. (중략)

감사합니다.

X 박사 드림.

주제 : 건초와 짚을 먹는 우리 동물들을 위한 식용 그물

선생님.

(중략)

저는 1982년부터 젖소 70마리를 키우고 있습니다. 선생님이 밭에서 보셨을 건초 짚단을 만드는 데 매년 150킬로그램의 플라스틱 그물을 사용합니다. (중략) 젖소들이 건초나 짚과 함께 먹을 수 있는 맛있고 소화하기 쉬운 플라스틱을 선생님은 찾아주실 수 있지 않나요?

(중략) 또한 매년 150일 동안 매일 15분씩 사료를 주는 시간을 합하면 1년에 37.5시간입니다. 잠을 더 잔다든가 혹은 다른 일을 할 수 있는 시간이죠.

편지 읽어주셔서 감사합니다.

Ph. 드림

p.s. 새 재료에 필요한 기계적 내구성에 대한 정확한 아이디어를 얻으실 수 있도록 현재 사용하는 그물 견본을 우편으로 보냅니다.•

동료는 미디어에 출연하기 시작하면서 이런 편지를 수십 통 받았다. 답장을 보낼 시간이 없어서 미안해했지만 이런 편지들이 그녀에게 굉장한 힘이 됐다고 말했다.

두 공범자는 새로운 세상을 만드는 데 뛰어들었다. 그리고 소비자들도 함께할 준비가 되어 있었다. 하지만 이런 힘을 한 방향으로 모아야 한다. 엔지니어와 동료 모두 희망 차다는 점에 동의했다. 둘은 석면과 1990년대 오존층을 파괴한 CFC(염화불화탄소, 프레온 가스)에 대해 재고했다. 각국이 정면으로 돌파했을 때 지구

• 2017~2018년 저자가 실제로 받은 편지들이다.

는 오존층을 되찾았고 석면 없는 건물이 생겼다.

모두가 함께 끈질긴 플라스틱을 없애야 한다는 데도 둘은 동의했다. 다만 방향 전환을 위해서는 더 큰 패기가 필요했다. 플라스틱 중합체가 수십 개의 재료를 대체해 우리 삶을 전방위에 걸쳐 정복했기 때문이다. 석면과 담배는 노출된 지 15~20년 후에 암을 유발하고 그 위험성은 명백한 것으로 빠르게 받아들여졌다. 그런데 플라스틱은 아마도 기후 변화만큼 오랜 시간이 걸릴 것이다. 이 때문에 '플라스틱의 위험에 대한 회의론자'들은 플라스틱은 자연이 아닌 쓰레기통에 버리기만 하면 어떤 위험도 없다고 단언한다.

엔지니어는 동료에게서 전염된 열정을 가지고 동료의 사무실에서 나왔다. 그런데 호두나무로 만든 대형 탁자와 통창 너머로 그를 살펴보는 듯한 고층 건물 앞에서 돌연 차분해졌고 그녀의 확신은 흔들렸다. 목소리를 가다듬고 생분해 플라스틱에 대해 설명하기 시작했다. 수치들과 시장조사 그리고 플라스틱 쓰레기에 대한 대중들의 우려를 주제로 한 여론조사를 열거했다. '사업팀'의 팀장이 몇 초 후에 발표를 중단시키며 "너무 앞서가는 것 같습니다. 수익도 예측할 수 없고 생산 산업화도 아직 먼 이야깁니다"라고 말했다. 상사는 이미 다른 연구자들의 발표를 들으려고 돌아 앉아 있었다. 엔지니어는 막 전투에서 패배했고 공공 분야 동료와의 협업은 미뤄야 했다. 동료를 뉘줘야 한다는 것이 미안했다. 그녀는 실망한 채 집으로 돌아왔다. 오늘 아침

집을 나설 때보다 일에 대한 자존감이 한층 떨어져 있었다.

그리고 밤…

그날 밤 각자의 집으로 돌아갔다. 모두 일터를 떠났다. 노조원은 아이들과 함께 피자를 저녁으로 먹었고 슈퍼 점장은 차고에서 배우자를 찾는다. 각자 시민의 옷으로 갈아입고 기숙사나 양로원에서 동거인들과 저녁을 먹고 드라마를 보거나 책을 읽는다. 아이들의 잠자리를 봐주거나 강아지를 쓰다듬기도 한다.

모두 잠자리에 들면서 어떤 상처가 내면의 평화를 방해하는 것을 느낀다. 내일은 한 발자국 더 나아가 이 감정을 추스르겠다고 다짐한다. 최선의 결정들에 신용카드와 선거권을 쉽게 사용할 수 있다고 생각하며 안도한다. 관련 시민운동에 신경을 쓰자고 자신과 약속한다. '중독된 나를 추스르고 플라스틱 홍수의 밸브를 잠그기 시작하려면 내일은 어떤 해결책을 찾아야 한다'고 생각하며 불을 끈다.

나는 알베르 카뮈가 읊조리던 말을 새긴다. "존재와 존재가 이끄는 실존 사이에서 진정한 일치가 없다면 행복이란 무엇인가?"

우리의
플라스틱과
함께
꿈꾸는 평화

일어나자, 포스트 석유플라스틱 시대 시민이여, 오늘은 분주한 하루가 될 것이다. 나는 샤워실로 뛰어갔다. 고체 샴푸 디스크로 머리에 거품을 만들었다. 샴푸를 놓자마자 고무줄이 샴푸를 재빨리 제자리에 갖다 놨다. 바로 옆에는 민감 피부용 비누 디스크와 컨디셔너가 나란히 있다. 세면대 옆 벽에 동그란 고체 치약이 고정되어 있지만 교체하기 쉽다. 나는 이 제품들의 예전 모델을 다시 떠올린다. 불편하고 실용적이지 않은 데다 비싼 제품을 파는 친환경 보보(보헤미안과 부르주아의 합성어로 경제적으로 풍족하면서고 개성을 중시하는 고학력 고소득 계층 – 옮긴이) 매장에서만 살 수 있는 도넛 모양의 고체 샴푸와 막대형 치약이 그 원형이었다. 제조업체들은 포장 용기가 더 이상 팔리지 않는다는 것을 안 이후로 고체형으로 사용하기 편리한 비누, 샴푸, 크림, 탈취제를 크라프트 종이로만 멋스럽게 포장해 선보였다. 욕실은 깨끗해졌고 선반에서 플라스틱 병, 통, 튜브, 스프레이 등도 사라졌다. 다른 이들의 집처럼 내 집에서도 칫솔, 빗, 신발 세척 솔에는 이제 나무 손잡이와 털이 생겼다.

2020년대 초반은 플라스틱을 중심으로 파괴적인 소비를 근절하려는 전환점이 된 오랜 격리의 시대였다. 몇 년 전부터 이미 우리는 상반된 과도한 법령으로 고통받았다. 한편에서는 세계화된 경제의 소비주의를 부추기고 다른 쪽에서는 소비가 우리의 건강과 환경에 미치는 극단적인 영향을 경고했다.

2020년 초반, 전 세계에 퍼진 전염병으로 고통받는 지구 옆에 과학이 소환됐다. 과학자들이 쏟아내는 복잡하고 불확실한 정보들로 언론은 침범당했고 이 정보들은 모순된 새로운 법령으로 바뀌었다. 깊어지는 격차의 고통을 견딜 수 없었던 우리는 더 멀리 그리고 더 먼 곳을 보기 위해 일상에서 고개를 들고 이 정보들을 활용하는 방법을 배워야 했다. 세계적인 바이러스 위기는 우리의 장기적인 인지와 사건들 사이의 복잡한 상호작용을 촉진하는 촉매 역할을 했다. 육체적 격리로 일상의 일부분을 상실하면서 물질을 제외한 다른 욕구들의 중요성이 우리의 잠자고 있던 정신에서 깨어났다. 인간은 본질적으로 다시 우리의 관심사가 됐다.

우리를 병약한 노예로 만든 물질 재산의 진보와는 다른 방향으로 우리는 나아가고 있다. 인간은 새로운 현대성에 몸을 맡겼고 이 현대성 안에서 물질적 안락함은 함께 사는 행성에서 똑같은 행복 명령으로 이어진 인간 공동체의 깊은 욕망을 도왔다. 플라스틱은 시간이 필요하고 구불구불한 변화의 길에서 가장 잘 보이고 구체적인 지표였다. 바이러스로 혼잡해진 때를 틈타, 플라스틱은 우리 미디어에서 체면을 다시 살렸다. 긍정적인 메시지도 다시 늘었다. 일부 사람들이 일회용 플라스틱의 위생적 측면을 강조하며 일부 국가에서 사용 중단을 보류한 것이다. 그러는 사이 다른 쪽에서는 마침내 완벽해진 재활용의 혁명적 과정을 대대적으로 준비하고 있었다.

바이러스 전염의 충격은 공동체적이고 창의적인 상상의 씨앗을 심었다. 공동의 재산을 구하기 위해 소비 중독으로부터 우리를 구할 씨앗이었다. 더 잘 살고자 하는 갈망이 우리 사회를 점령하고 있었기 때문이다. 제2차 세계대전의 충격 이후에 그랬던 것처럼 성공했던 혁신적인 아이디어들은 산업 성장이 아닌 우리와 자연, 환경, 시간, 성장, 국제적 연대 간의 관계에 일조했다. 플라스틱에 대한 상실감을 근절하는 것은 기후변화, 생물다양성의 위기, 사회 불평등의 근절과 동일 선상에 놓여 있다.

평화적이지만 단호한 젊은 운동가들이 시작한 대대적인 보이콧 캠페인들 이후, 남아도는 플라스틱 재료들이 점차 사라졌다. 비닐봉지를 시작으로 물병과 그 밖의 음료수병, 빨대, 컵, 깔개, 풍선 등 수많은 생활용품이 천천히 없어진 것이다.

나는 티셔츠를 입으면서 그리 오래전은 아니지만, 몸에 꼭 끼는 가볍고 구김이 안 생기던 옷이 생각났다. 패딩, 폴라플리스 그리고 많은 합성섬유 셔츠들은 밤에 옷을 갈아입을 때면 다리털이나 머리카락에 정전기를 일으키며 타닥타닥 불티가 발생했다. 이런 옷은 중고품에서는 여전히 찾을 수 있겠지만 플라스틱과 합성섬유로 옷을 만드는 시대는 끝났다. 면, 마, 비단, 모 옆에는 식물의 잎이나 해조류 또는 나무 찌꺼기로 만든 새로운 섬유가 나란히 자리하고 있다.

의복 혁명의 유일한 불편은 천연섬유를 위한 새로운 세탁기를 사야 한다는 것이다. 그래야 옷을 상하지 않게 오래 입을 수 있다. 사십 대인 내 아들이 어젯밤 당황스러운 목소리로 나를 불렀다. 얼마 전에 사준 콩으로 만든 스웨터가 망가진 것이다. 알고 보니 생각 없이 기존 세탁기에 넣어버린 까닭이었다.

우리는 옷을 포함해서 '일회용'에 오랫동안 반응해왔다. 빨리 세척되고 빨리 마르는 옷에 끌려다니고 속박당해서는 안 되는 것이었다. 매년 옷을 사게 만드는 패션 업계의 마케팅은 차치하더라도 말이다. 그런데 전체적으로 '플라스틱 미사용' 의류로 대체되어 '폴리'가 붙은 이름의 섬유는 사라졌다.

오후 행사 전에 기운을 돋우려고 아침을 먹으러 갔다. 그곳에서 요구르트 유리병과 곡물을 담은 스테인리스 상자를 발견했다. 재사용할 수 있는 유리, 금속, 바이오플라스틱 포장으로 대체되어 선반과 냉장고에는 플라스틱 용기라고는 찾아볼 수 없었다. 내가 가장 좋아하는 것은 알록달록하고 재밌는 형태의 용기로 유럽에서 중국과 함께 진행한 연구에서 얻은 수확이다. 우리는 퇴비, 짚, 포도나무 덩굴, 다른 농업 찌꺼기를 전환하는 메탄화 기술을 완성했다. 이 기술로 이런 잔류물들은 농업인에게 추가 소득원이 되는 바이오 에너지뿐만 아니라 생분해 플라스틱이 된다.

우리는 로마대학교 그리고 리스본대학교와의 협업으로 첫 번째 시범 공장을 베로나 지역 인근의 거대한 경작지에 세웠다. 이탈리아의 한 기업이 경작지에 설치하는 설비들의 생산과 판매를 위한 기술을 재빨리 사들였다. 얼마 지나지 않아 덴마크, 독일 그리고 프랑스 남부 지역에도 설비들이 생겨났다. 몇 년 후에 중국은 오래전부터 우리가 옥수수로 만든 생분해 플라스틱을 생산하는 데 농업용 쓰레기를 사용하기로 방향을 바꿨다. 핀란드의 한 대기업은 세련되고 알록달록하고 가벼운 재사용 용기 형태로 식물 섬유를 섞어서 만든 우리의 플라스틱을 최근 상업화했다. 저마다 특징이 있다. 건조식품을 위한 용기는 섬유질이 풍부하고, 수분이 있는 식품을 위한 용기는 PHAs만 사용된 유사 플라스틱이다. 몇 년 사용한 후, 균열이 생기기 시작하면 근처 퇴비에 던져버리면 된다. 몇 달 후에는 변형되기 시작해 땅을 비옥하게 만든다.

'리필 스테이션'이라 불리는 인근 상점을 무해한 타파웨어로 채울 수도 있다. 이곳에는 곡물이나 요구르트를 담은 벌크가 나란히 줄지어 있다. 과일이나 채소를 구매할 때 오래전부터 해온 방식대로 각자 필요한 만큼 통에 담은 후, 무게를 측정하고 가격을 매긴다. 설탕, 밀가루, 세제, 식용유, 식초를 담은 벌크 통도 있다. 개별 포장된 요구르트는 이제 옛이야기다. 농산물가공 회사들은 포장재를 파는 대신 그들이 가장 잘하는 일에 다시 집중할수 있게 되었다. 바로 식품을 만드는 것이다. 그러면 냉장 차량이 벌크에 담긴 요구르트를 매장마다 배달하기만 하면 된다.

초반에는 일회용 포장이 사라지면서 장을 보러 가려면 용기들을 챙겨야 한다고 생각했다. 그런데 한 젊은 기업가가 제한되고 최적화된 형태와 용량의 상자, 병, 용기들을 빌려주는 획기적인 서비스를 개발했다. 상점, 시장, 마트 심지어 포장 음식점에서도 재사용할 수 있는 이런 용기들을 빌릴 수 있다. 필요한 만큼 사용한 후 용기를 비우고 대부분 길가에 있는 파란 수송 컨테이너에 넣으면 된다. 그러면 기업이 이 용기를 회수해 분리하고세척한 후 보수해 다시 식품 상점으로 보내고 재료나 상태에 따라 재활용하거나 퇴비로 만든다. 이 시스템은 잘 가동되어 공공서비스로 제공하는 것이 관건이다. 쓰레기 수거처럼 말이다.

산책하기로 한 날, 나는 샌드위치를 준비했다. 버터와 치즈는10년 전에는 결코 존재하지 않았을 것 같은 포장지로 쌌다. 바로나무와 식물의 잎이다. 방수와 무해성 때문에 선택된 나뭇잎들은 냉장고의 낮은 온도도 잘 견뎌 내용물이 쉽게 마르거나 부서지지 않는다. 초반에는 담쟁이덩굴 옷을 입은 카망베르를 산다는 것이 당황스러웠지만 이제는 익숙해졌다. 심지어 더 맛있어보인다.

결국 우리는 식품 포장을 위해 바나나 나뭇잎을 사용했던 열대 지역의 일부 국가들이 수백 년간 사용해온 방식에서 영감을 얻은 것이다. 그뿐만 아니라 포도나무, 뽕나무, 밤나무 잎도 사용한다. 유럽인들은 알맞은 나뭇잎들이 자신의 집에도 있다는 사실을 알아차렸다. 몇몇 사람들은 포장 산업의 요구에 대응하기 위해 맞춤형 식목을 시작하기도 했다. 세척한 후 열성형 처리한 나뭇잎들을 나팔 모양으로 말아 감자튀김을 담을 수도 있고 작은 그릇 모양으로 접어 햄버거를 담을 수도 있다. 염소 치즈는 배 속에서 사라지고 수세기 동안 사라지지 않을 플라스틱 종이가 아니라 플라타너스 잎만 지구에 남아 가을의 낙엽들과 함께 정원에서 생을 마감한다니 기쁘다. 식물의 잎으로 포장하는 방법을 다시 발견하기까지 너무도 오랜 시간이 걸린 것이라 할 수 있다. 이제는 구시대가 되어버린 플라스틱 시대를 보니 이런저런 생각이 든다.

약속 시간 전에 사기를 북돋기 위해 가장 좋아하는 라디오 프로그램인 〈플라스틱 디톡스(Plastoc détox)〉(plastoc은 중합이나 중축합으로 얻어지는 고분자로 만든 재료로 플라스틱과 비슷한 의미로 사용된다 – 옮긴이)를 들었다. 기후변화에 대해 대중들의 경각심을 결국 불러일으킨 것처럼 기자들은 중합체 문제에 공을 들인다. 그날 아침 취재팀이 한 조사위원회를 따라갔다. 피레네의 지하수층을 플라스틱 나노입자로 오염시킨다고 의심받는 오래된 하치장을 찾아내기 위한 위원회였다.

방송은 플라스틱 오염을 줄이기 위한 구체적인 조언들을 제시하며 건설적인 어조로 끝났다. 가장 마음에 들었던 아이디어는 몇 년 전 마르세유 지역의 고등학생 그룹에서 나왔다. 불필요한 플라스틱의 사용을 줄이지 않는다면 보이콧하겠다는 편지를 자주 찾는 모든 상점에 두자는 것이었다. 소비자들의 압력은 믿을 수 없을 만큼 효과적이었다! 며칠 만에 프랑스 전역에서 수십 개의 대형 체인점과 수천 개의 독립 상점들이 창에 플라스틱 사용을 줄이겠다는 벽보를 붙였다. 일부 상점들은 심지어 대안을 찾기 위해 고객과의 만남을 주최하기도 했다. 빨래 건조기와 다림질 탁자를 사이에 두고 회의를 가졌던 동네 세탁소가 떠올랐다. 있을 법하지 않은 회의였다! 마침내 사장은 플라스틱 옷덮개를 세탁 가능한 천으로 만든 회수용 덮개로 바꾸겠다고 약속했다. 옆에 있던 중국인 사장도 이에 동참해 용기를 가져오는 고객에게는 춘권을 무료로 제공하겠다고 했다.

마지막으로 남아 있는 플라스틱 물건들에서 해방되기 위해 나는 동네에 있는 개인지도 그룹에 참여했다. 스마트폰으로 운동이나 명상을 하는 것과 비슷한 형태의 프로그램이다. 다만 실제 사람과 직접적으로 연결되기 때문에 의욕은 더욱 고취된다. 가장 중요한 점은 지연되는 시간을 수용하는 자세다. 즉 길에서 플라스틱으로 포장된 음식을 사는 것보다 샌드위치를 직접 준비하는 것처럼 말이다. 손주에게 최신 플라스틱 제품을 사주기보다는 두 시간을 들여 아름다운 가론 강을 보여주러 데려가는 것이다. 결국 '시간을 아껴야 한다'는 신성한 법칙을 포기하면 중합체의 유혹을 물리치는 데 도움이 된다.

부엌을 정리하면서 변화를 대대적으로 촉진할 유럽적인 방법이 떠올랐다. 환경지수와 경각심을 일으킬 슬로건을 제품 위에 바로 붙이는 것이다. 티셔츠 라벨에서 처음 이런 문구를 발견했을 때 느꼈던 공포가 떠올랐다. '플라스틱은 여러 세대를 거쳐 오염시키고 멸종시킵니다' 혹은 '플라스틱은 다음 세대의 건강한 삶과 생존을 해칩니다' 같은 문구다.

환경지수는 폐플라스틱의 미세입자와 관련된 장기적인 위험성을 확실하게 경고하는 완벽한 방법이다. 유해 폐기물의 국가 간 이동과 처리에 대한 바젤협약에 따르면 앞으로 비생분해 플라스틱은 모두 위험 쓰레기로 분류된다.

이런 위험성 때문에 국가들은 제조업체의 책임을 제품의 수명이 다하는 시점까지 연장시켰다. 정해진 기간 동안 플라스틱을 더 이상 팔 수도 빌려줄 수도 없다. 사용한 후에는 쓰레기 처리를 전담해야 하는 생산업체에 자동으로 돌아간다. 하지만 시스템은 여전히 완벽하지 않다. 수명이 긴 플라스틱을 생산하는 기업들은 아직도 수십 년 전에 생산한 플라스틱 쓰레기의 처리를 어떻게 보장해야 할지 알지 못한다.

다음 날 나의 시선은 수영장에 데려간 손주의 튜브에 꽂혀 있다. 눈에 띄지 않는 곳에 신호등처럼 삼색 선이 있다. '플라스틱 지수(plasti-score)'로 불리는 시스템이다. 가전제품의 환경평가처럼 플라스틱의 기원과 '유용한지 무용한지' 그 성격을 알려주고 수명이 다할 때까지 무해하게 사라질 가능성을 보여준다.

튜브의 라벨에는 '원료' 기준이 빨간색으로 표시되어 있다. 아직 남아 있는 석유화학 플라스틱으로 만들었기 때문이다. '유용성'은 진한 녹색이다. 튜브로 생명을 구할 수 있기 때문이다. 수명은 노란색으로 표시됐는데 생분해되지 않고 재사용할 수 없지만, 에너지로 전환할 수 있기 때문이다. 상점에서 튜브를 사면서 웃음이 터졌던 기억이 난다. 해수욕 튜브 옆에는 '수영장 안에서 여러분의 칵테일 잔을 같이 띄워 놓을 수 있는' 키치적인 작은 튜브를 발견했기 때문이다. 이 무용한 튜브에는 세 칸 모두 빨간색인 플라스틱 지수와 그에 따른 가격표가 붙어 있다.

실제로 불필요한 이런 물건들은 심각한 오염원인 플라스틱과 마찬가지로 매우 드물다. 제조업체들은 더 나은 평가를 받기 위해 방법을 변경했다. 우리는 이제 더욱 습관적으로 '플라스틱 지수'를 대충 보게 된다. 대부분이 녹색이기 때문이다.

이런 정책들이 공개됐을 때 제조업체들은 불평을 쏟아냈다. "이런 라벨은 곧 소비자 자유의 침해입니다!"라고 누군가 라디오에서 힘주어 말했다. 텔레비전에서는 "라벨에 표시한 플라스틱 반대 메시지는 수백만 개의 일자리를 사라지게 할 거예요!"라고 또 다른 이가 주장했다. "플라스틱의 모든 성분을 표시하는 것은 기업 비밀 위반이자 플라스틱을 차별하는 것"이라고 불평하는 사람도 있었다. 그러나 환경과 인류의 보건 건강 보호주의자들은 이렇게만 대답할 뿐이다. "그 이유와 플라스틱 재료를 이해할 수 있기 때문에 이런 정책이야말로 소비자를 똑똑하게 만들죠."

과거에 단기 재정 이익을 위협하는 이런 결정을 두고 산업은 상황을 전복시키기 위해 모든 영향력을 동원했다. 그러는 사이 유럽은 보건과 환경에 대한 로비 활동을 감시하는 정책을 내놨다. 민간 분야에는 의원들과 기관들 그리고 민간 기업에 둘러싸여 있어 이제는 과학 분야에 포함된 이 분야에서 법 제정에 영향을 미칠 수 있는 법적인 수단이 없다. 공익만이 그들의 나침반이 된 것이다.

국제연합이 '기후변화에 관한 정부 간 패널(IPCC)'과 같은 국제 전문가 그룹인 '미세 먼지 오염에 관한 정부 간 패널'을 설립한 것은 제외하더라도 국제연합의 커뮤니케이션 활동은 사회가 합성 플라스틱의 장기적 위험성을 인지하고 경각심을 갖게 만드는 데 크게 일조했다.

나는 지금 직물과 천연고무로 만든 배낭을 잠그고 있다. 다음에는 스테인리스 뚜껑이 달린 물병을 가득 채울 것이다. 2020년 대부터 수돗물은 병에 담긴 물보다 더 안전하다. 국내의 일부 단체들은 미세입자를 거를 수 있는 필터정화시스템을 갖추기 위해 모금을 했다. 생수병은 박물관에 들어가 조리식품, LP판, 베이클라이트(열경화성 수지의 일종 – 옮긴이)로 만든 오래된 다이얼 전화기와 나란히 전시됐다.

물론 석유화학 플라스틱이 이 땅에서 완전히 사라진 것은 아니다. 예를 들어 내가 막 올라탄 트램웨이의 차체는 엄청난 양의 플라스틱이 사용됐다. 비행기 동체나 개인 차량도 마찬가지다. 플라스틱은 차체를 가볍게 만들 수 있고 그런 만큼 연료도 덜 소모된다. 그러니 아직 플라스틱은 중요하다!

이런 '불가피한' 플라스틱은 더 이상 예전과 똑같은 재료가 아니다. 수명이 다했을 때 환경에 영향을 미치지 않고 심지어 오랜 기간 관리받을 수 있도록 고안됐다. 가령 일부 플라스틱은 '재순환'된다. 재순환은 최근 사전에 기재된 용어로 물건이 수명을 다했을 때 원재료로 원래 제품을 다시 만드는 것을 의미한다. 이런 경우 재료 재생 과정을 거쳐 시장으로 유통되어 제조업체의 책임하에 관리된다. 오늘날에야 그 의미가 분명한 듯하지만 2020년대만 해도 '할 수 있는'의 표현을 두고 왈가왈부했다. 이를테면 '재활용할 수 있는 플라스틱'은 '언젠가 아마도 재활용할 수도 있지만 이를 보장할 수는 없는 플라스틱'만을 의미했다. 하지만 대부분 재활용할 수 없었다. 지금 다시 생각해보니 영락없이 '그린 워싱'이었다.

이제 '재순환된'이라는 표현을 쓸 수 있는 권리를 가지려면 플라스틱이 수거된 후 몇 주 만에 본래 플라스틱으로 되돌아갈 수 있다는 것을 온전하게 보증해야 한다. 이 '재순환' 산업은 아주 최근에 빛의 속도로 성장했다. 중합체의 화학 뒤에서 '목걸이' 진주알들 사이의 사슬은 가령 특정 빛에 영향을 받는 등 원하는 대로 분해되도록 고안됐다. 진주알들은 오염원으로부터 분리되고 분리된 후 진주알끼리 다시 연결되어 똑같은 용도의 똑같은 재료가 된다. 산업은 시장에 유통시키려면 특별 허가가 필요한, 소위 '대체할 수 없는' 플라스틱으로 모든 제품을 만든다.

트램웨이에서 내 옆에 있는 남성은 필수적인 플라스틱이지만 '생분해'라고 찍혀 있는 물건을 한 손에 들고 있다. 천식 환자를 위한 스프레이형 약이다. 작고 수거하기 어렵기 때문에 여기에 사용된 플라스틱은 생활 쓰레기의 퇴비처럼 자연조건에서 몇 달 만에 사라지도록 고안됐다. 약물을 다 쓰면 이 남성은 사과 껍질과 밤나무 잎으로 만든 식품 용기와 함께 스프레이를 내다 버릴 것이다.

트램웨이가 내릴 정거장에 가까워지면서 오후 약속에 대한 걱정이 커졌다. 우리가 따라가고 있는 인도 위에는 예전엔 쓰레기통으로 불리던 수송 컨테이너가 줄지어 있다. 녹색 뚜껑에서 작은 소리가 들렸다. 퇴비 컨테이너다. 생분해되는 플라스틱을 포함해 모든 유기물 폐기물을 이곳에 버린다. 국가 자격증을 소유한 '퇴비 전문가'는 매주 획득물을 수거하러 온다. 획득물을 요리한 뒤 지역의 도시 농업인과 주변 경작인에게 퇴비로 판다. 이 농업인들은 증산 작용을 막고 잡초를 제거하는 것으로 방법을 바꿨다. 밭에 펼쳐놓은 필름은 모두 그해에 배출된 식물 쓰레기와 생분해 쓰레기로부터 만들었다. 한 계절이 바뀌도록 필름을 땅에 그대로 둔다. 생분해되어 다음 경작에 필요한 영양분이 되기 때문이다.

나는 이따금 인도에서 '재순환된' 플라스틱용 컨테이너를 발견한다. 이 컨테이너는 땅에 고정되어 자물쇠로 잠겨 있다. 플라스틱 쓰레기가 이제는 드물어 비싸졌고 위험물로 분류되어 있기 때문이다.

어느 날, 어릴 적에는 운전하면서 한 손에는 맥주병을 들고 입에는 담배를 문 채로 창밖으로 플라스틱을 버렸다는 이야기를 들려주니 손주들이 자지러지게 웃어댔다. 이제는 사라졌을 정도로 위험한 일이었다. 선인들의 바보 같은 행동 때문에 손주들이 웃음을 터뜨리는 걸 보니 나도 웃음을 참을 수 없었다.

트램웨이가 마침 과거의 추억인 쓰레기 매립지를 지난다. 이곳의 운명은 바뀌었다. 얼마 전만 해도 매립지는 과소비 사회의 부끄러운 집산지였다. 오늘날 이 하치장은 비싸고 위험한 획득물을 숨겨두는 알리바바의 동굴이 됐다. 이곳은 실제로 폐플라스틱의 미세입자로 토양과 물이 오염될 위험이 있지만 '중합체 목걸이'의 중요 원산지이기도 했다. 석유로 만든 새 플라스틱이 오늘날 비싸진 것처럼 매립지도 석유화학의 레고들이 모여 있는 산실이자 최고의 시장이 되었다! 그렇게 사용한 중합체를 분리하고 제염한 후 새 가치를 부여하는 새로운 활동 분야가 나타난 것이다. '두 번째 행운 공장'으로도 불리는 이 '쓰레기 정화 공장'은 매립지를 뒤져서 플라스틱 쓰레기를 솎아낸 뒤 미생물 효소로 처리한다. 그렇게 폐플라스틱의 미니 레고로 축소되면 분리된 후 석유처럼 연료나 플라스틱 생산에 사용된다. 가장 깨끗한 진주알 단량체는 다시 목걸이가 된다. 물론 이런 쓰레기 처리는 비용이 많이 든다. 하지만 매립지를 부활시키고 미세 혹은 나노입자의 플라스틱으로부터 주변 지역의 보건 안전을 유지할 수 있기 때문에 보조금을 지원하고 있다.

우리도 알다시피 하치장에 쌓여 있는 중합체들은 언젠가는 동이 날 것이다. 시간이 흐르면서 인간은 100억 톤의 플라스틱을 쌓았기 때문에 그 보존 기간은 50년이 넘는다! 그 후에는 '불가피한' 플라스틱을 만들기 위해 우리는 자동-광영양(auto-phototrophic) 미생물을 사용하는 것으로 방식을 바꿀 것이다. 이 미생물은 전환하는 방법을 알기 때문에 생분해 중합체로 사용하기 위해 회수한 폴리에스테르에서 이산화탄소를 낚아챌 수 있다. 이 혁명적인 재료가 시장에 유통되는 것을 보고 싶어 참을 수가 없다. 로마, 리스본 그리고 마드리드의 과학자들과 함께 초기 개발 연구에 참여했기 더욱 그렇다. 내 손자는 이를 의심했다. "뉴스에서 말하는 미래 플라스틱 발명자가 정말 할머니 맞아요?" 내가 가끔 정신이 나가 있을 때마다 손자에게 듣는 소리다.

트램웨이가 병원 근처 정거장에 가까워질수록 나는 걱정으로 어찌할 바를 몰랐다. 그런데 스마트폰 알람 소리에 잠시 정신을 차렸다. 됐다! 베이징 의정서가 유럽에서 체결됐다. 너무 기쁜 마음에 거리에서 방방 뛰어도 성에 차지 않을 지경이었다. 중국이 주최한 의정서는 지금부터 5년간 생분해나 '재순환'이 보증되지 않은 모든 플라스틱의 생산을 세계적으로 금지하는 것이 목적이다.

협상 초반에는 귀를 의심했다. 우리가 오랫동안 주된 오염 국가로 (분명 위선적이었지만) 비난해온 중국이 오염원인 플라스틱을 근절하기로 나선 것이다! 그러고 보면 중국도 미세 먼지로 오염된 공기에 신음하며 수입 폐플라스틱에 국경을 닫아버린 첫 번째 국가이니 이번 결정은 당연한 일이다. 그래서 오늘, 플라스틱과 미래에 통제할 수 없을 나노입자를 근절하는 데 힘을 모으며 선도한 것이다. 15억 명의 인구를 가진 대륙 국가가 일각에서는 '스팀 롤러'로 불리는 무시무시한 정치-산업 기계를 가동했고 또 잘 작동했다! 산업의 방향을 180도로 바꾸는 데 효율적이지 못한 유럽 국가들에게는 놀라운 일이었다.

중국은 먼저 전 세계의 '재활용할 수 있는' 쓰레기를 받지 않겠다고 거절했다. 그리고 이미 쌓여 있는 플라스틱을 풍력발전기, 드넓은 부지의 태양광발전소, 열차를 만드는 데 썼다. 지난

해에는 급격한 변화가 있었다. 생분해나 '재순환'이 불가능한 플라스틱을 원료로 사용하지 않겠다고 선언한 것이다. 더 긍정적이었던 것은 무역 상대국에 이런 정책을 펴지 않으면 보이콧하겠다고 으름장을 놓은 것이다.

나는 병원에 도착했다. 하얀 벽과 네온 조명이 있는 복도에서 자신을 발견한다면 그것은 일상에서 도망치기 전에 플라스틱이 피해를 입혔기 때문이다. 내 몸속 어딘가에 나노플라스틱이 쌓여 있는지 알아보기 위한 검진인 '플라스틱 검사'를 예약해놨다.

60세 이상에게는 필수인 검진이다. 노인들은 중합체와 그 첨가제 그리고 중합체가 옮기는 오염물질뿐만 아니라 플라스틱의 미세입자, 나중에는 나노입자에 파묻혀 살았기 때문이다. 플라스틱 반대 운동이 목소리를 내고 우리가 플라스틱으로부터 자신을 보호하기 시작했을 때 우리의 아이들은 청년이 되었고 우리는 반세기가 넘는 시간 동안 플라스틱 세계를 그대로 관통했다.

내 검진은 평소보다 시간이 조금 더 걸릴 것이다. 한동안 빈혈이 있었기 때문이다. 일시적인 증세이거나 호르몬 때문일 수도 있지만, 점막을 덮고 있는 플라스틱의 미세입자와 나노입자가 일으킨 염증 반응일 수도 있다. 미세 플라스틱이 나를 마비시킬 때면 오래전부터 기관지와 코가 예민했다. '산화분해성'으로 불리는 예전 플라스틱은 그 후로 금지됐다.

신체 기관에 플라스틱이 쌓이는 것은 흔한 일이고 치료법도 아직 없다. 일부 연구팀에서는 플라스틱이 쌓인 기관에 효소를 보내 플라스틱을 제거하는 방법을 고려하고 있다. 우리가 매립지를 만들었던 것처럼 다른 차원에서도 플라스틱 매립지가 존재하는 것이다!

머리부터 발끝까지 내 몸을 스캔할 기계 안에 누워서 크게 심호흡했다. 의학이 인간의 몸 안에서 유기적 기원 물질인 플라스틱을 감지하는 방법을 알아낸 것이 이미 행운이라는 긍정적인 생각이 들었다.

다른 생각을 하려고 방과 후에 손자를 데리고 갈 '플라스틱 박물관'에 대해 생각했다. 지금은 플라스틱 없이 살 수 있겠지만 나는 그곳을 좋아한다. 아이는 나란히 전시된 컵, 셀로판 필름 두루마리, 바비 인형 그리고 다른 플라스틱 문화 유적들을 보며 놀란 눈을 더 크게 뜰 것이다. 걱정스러우면서도 흥미로운 아이는 재밌다는 듯이 나를 놀린다. "할머니 진짜 플라스틱에 채소를 담았어요? 말도 안 되는 거 아시죠?" 플라스틱 봉투를 보면서 놀라기도 한다. "15분 사용하고 400년 동안 오염시킨다니! 장난 아니다!"

플라스틱에 경각심을 심어주기 위한 캠페인으로 비슷한 박물관이 전 세계 수십여 곳에 더 있다. CD, 투명 상자, 장난감, 볼펜, 빨래집게, 얼음 틀, 세제 통, 음식 용기, 비행기 의자, 컵, 포크, 빨대, 빗, 경기용 배, 포마이카 탁자 등이 전시되어 있다. 보통 아이들은 이런 물건들을 보며 재밌어 하지만 함께 온 어른들은 당시 플라스틱 물건들이 가득했던 아수라장을 떠올리니 한숨이 절로 나오면서도 이제 벗어나서 다행이라는 안도감이 들었다.

플라스틱 검사 기계에서 경보음이 울릴 때 '신물 나는 그 시대를 모르는 축복받은 아이들이다!'라고 나는 생각했다. 간호사가 튜브 같은 기계에서 나오도록 나를 도와주며 저녁에 의사에게 검진 결과를 받으라고 알려줬다. 매번 그렇듯이 대기 속 '플라스틱 날씨'를 확인하고 예보가 나쁠 경우 마스크를 꼭 착용하라고 나에게 일렀다.

우리의 일상을 뒤흔든 또 다른 정책이 마련됐다. 몇 년 전부터 공기와 물속에 있는 미세 플라스틱 농도가 상시 감시해야 할 대상이 된 것이다. 하지만 적잖은 시간이 들었다. 자연의 유기물에 녹아 있는 미세 플라스틱을 감지할 수 있는 측정기와 인공위성이 준비되지 않았기 때문이다. 그러나 기술은 발전했고 이산화질소 오염과 바이러스 전파의 정도를 알리는 기관들이 갖춰져 지역마다 그리고 도시마다 일종의 기상 관측기인 PPF-P(pollution aux particules fines de plastique)를 설치할 수 있었다. 오염물질이 우리 마을에서 감지되면 스마트폰으로도 '플라스틱 날씨'의 경보를 받을 수 있었다. 그러면 취약한 사람은 필터 병과 마스크를 준비한다.

반사적으로 스마트폰에서 애플리케이션을 열었다. 아침에 이미 본 내용 그대로였다. 지도 위에서 오늘 내가 있는 곳은 녹색 표시였다. 노란색 표시였다면 다른 이용자들과 마찬가지로 입과 코를 마스크로 가리고 외출했을 것이다. 바람은 폐플라스틱 저장소와 주요 하치장을 지나 마을이 아닌 바다 쪽으로 분다.

안타깝게도 지중해는 북풍, 계절풍, 남동풍 때문에 끊임없이 미세 및 나노플라스틱이 불어 닥친다. 하지만 노아의 방주 프로그램이 다행스럽게도 이를 알려준다. 미세 플라스틱의 영향으로 십여 개씩 종자들이 멸종된 때는 2030년대였다. NGO들은 새우, 고래, 지렁이, 사슴 등 가장 취약한 종들을 플라스틱 오염으로부터 보호하려고 육지뿐만 아니라 해양의 생물다양성을 위한 특별 저장소를 만들기 시작했다. 그 후 오염을 제거하고 새로운 오염으로부터 보호된 지역들에 다시 정착시켰다.

화장실로 뛰어가 재빨리 얼굴을 찬물로 씻어서 걱정을 없애려고 했다. 어쨌든 결과를 알기 전까지 해야 할 일은 없다고 생각했다. 트램웨이에 올라타 손자와 하고 싶은 것을 생각했다. 손자가 꽤나 민첩해졌으니까 산업 지역에 문을 연 암벽등반센터에 데려가는 것은 어떨까?

그곳에도 플라스틱은 있겠지만 인생이란 그런 것이다! 실제로 예전 석유화학 공장들은 변신을 그만두고 박물관이나 익스트림 스포츠 애호가들을 위한 장소가 됐다. 박물관 한편에서 관람객은 플라스틱이 이동하던 수 킬로미터의 배관을 감격스레 따라가고 사용하지 않는 사출기를 보고 난 후 유리로 된 엘리베

이터를 타고 정제소였던 20세기 성당의 꼭대기까지 올라간다. 모두 우리 역사의 일면이다. 스포츠 구역에서는 겁 없는 사람들 이 빌딩만큼 높은 플라스틱 알갱이 산을 올랐다가 오래전부터 비어 있는 거대한 염료 통으로 수직 하강한다.

트램웨이는 손자가 다니는 학교에서 수백 미터 떨어진 곳에 나를 내려줬다. 공원을 곧장 가로질러야 했다. 주중 오후 시간에 산책하는 사람들이 해마다 늘고 있다는 것을 알고는 기쁜 마음 이 들었다. 플라스틱 의존을 의식한 많은 시민들이 소비를 줄인 덕분에 적은 돈이나마 절약해서 업무 속도를 늦출 수 있게 됐다. 나 역시도 '시간은 돈'이라며 폭주하던 시대에 자랐다. 여름밤 이면 우리 옆에서 조용히 오랜 시간 함께했던 나의 아버지는 테 라스에 달궈진 자갈들 위에 앉아 가장 귀하고 관대한 유산을 전 해주셨다. '현대적' 삶의 빠른 격랑 속에서 우리를 보호해주는 것이 바로 행복하고 고요한 순간이라는 것이다. 뜨거운 자갈 위 에서 보낸 그때가 내 삶의 진정한 방향을 잃지 않도록 몇 번이나 나를 구해주었고 내가 붙잡고 있는 플라스틱뿐만 아니라 다른 많은 것들을 놓을 수 있도록 도와줬다. 시간과 행복이 내 삶에서 가치가 있었던 적이 없었기 때문이다. 이 분야의 대단한 최신 뉴 스는 미국이 새로운 번영의 지표로 전향했다는 것이다. 이 지표 는 세계 사회의 행복을 보여주는 새로운 바로미터로 GDP와 정 확한 경제 기준을 넘어서 환경, 보건, 사회망 그리고 개인 행복의 질에 기초하여 계산된다.

드디어 초등학교에 도착했다. 종소리가 울리자마자 내 스마트폰에 메시지가 도착했다. 의사였다. "검진 결과, 건강은 양호합니다. 점막에 있는 나노플라스틱은 정상 수치입니다." 크게 안도했다. 이제 천천히 좋은 소식을 만끽하고 파란 하늘을 감상하며 폐 속에 맑은 공기를 불어넣어야겠다. 나를 둘러싼 아이들의 시끌벅적한 소리가 반갑다. 내 손자가 환하게 웃으며 내 품으로 뛰어든다.

감사의 말씀

엘렌 세니에 : A K.와 나를 항상 놀라게 만드는 두 태양에게.

나탈리 공타르 : 자연과 가족들 가까이에 사는 것이 둘도 없는 행복이라 느끼며 거추장스러운 물질적 유산에서 벗어나게 해주신 나의 아버지에게.

언제나 나의 확실한 공범자인 스테판 G.(B도 가능한)에게.

생기 있는 영혼만큼 폭소를 전염시키는 앨리스, 에밀리, 로리, 앙투안에게.

따뜻한 지지를 보내준 아르데슈에 있는 내 가족에게.

플라스틱 재료에 대한 내 무지의 바다에서 난파된 지식들을 구해낼 수 있는 착실한 연구팀원인 발레리 기야르, 스테판 페이용, 엘렌 앙젤리에, 세바스티앙 고셀에게. 이들은 배가 흔들려도 결코 배를 포기하지 않을 사람들이다.

로마의 마우로, 리스본의 마리아, 볼로뉴의 파비오, 예테보리의 울프, 뮌헨의 클로디아, 베론의 데이비드, 교토의 나오후미, 상파울로의 파올로, 베냉의 마튀렝, 베이징의 타이화를 비롯해 총천연색의 조명으로 내 길을 밝혀준 모든 과학자들에게.

나에게 언제나 가르침을 주는 수많은 나의 학생들에게.

나의 모든 여성 독자들, 마조리, 주느비에브, 엘렌, 발레리, 나니, 플로랑스, 재클린에게.

편집팀에게. 특히 내가 플라스틱을 과다 섭취하게 만든 건 아닌지 걱정스러운 엘렌 세니에게. 초석을 마련해준 실비 들라쉬와 마지막 돌들을 정리해준 팔로마 그로시에게.

플라스틱 포장 분야에서 만날 용어들

진정 플라스틱이 필요하다면 좋은 플라스틱은 자연조건에서 퇴비가 되는 플라스틱이다. 그래서 가능한 바이오 기반이되 식량 자원을 원료로 사용하지 않는 플라스틱이어야 한다.

혼란을 주는 '바이오플라스틱'이라는 표현에 주의해야 한다. 다음과 같은 플라스틱을 포함한다.

– 바이오 기반은 아니지만 생분해 가능

– 생분해는 불가능하지만 바이오 기반

– 바이오 기반이고 생분해 가능

재료의 기원

• **바이오 기반 플라스틱(열가소성 녹말, bio PE, bio PET 등) :** 설탕, 옥수수 녹말, 감자 녹말, 해조류, 미생물 중합체와 같은 재생 가능한 자원을 (최소한 부분적으로) 사용한 플라스틱. 재생 가능한 원료는 대체로 석유화학에서 비롯된 분자들과 섞인다. (프랑

스는 채소나 과일 포장에 바이오 기반 플라스틱을 40% 사용하도록 법으로 규정하고 있다.)

주의 : 바이오 기반 플라스틱은 석유 기반 플라스틱과 다를 바 없이 생분해되지 않는다.

- **재활용된 플라스틱** : 전체 혹은 일부분 재활용된 원료로 구성된 플라스틱.

  주의 : 재활용된 플라스틱은 대부분 두 번째 재활용에서는 원래 상태로 똑같이 돌아가지 않는다!

- **PHA(폴리히드록시알카노에이트)** : 미생물 중합체로 만든 플라스틱으로 자연조건에서 생분해된다.

- **PLA(폴리젖산)** : 미생물이 만든 락틱산을 사용한 플라스틱으로 자연조건이 아닌 (60℃ 이상의) 산업용 콤포스트를 통해 분해된다.

플라스틱의 첨가제

- **산화분해성 플라스틱** : 공기나 빛에 노출되면 육안으로 보이지 않을 때까지 분화를 촉진시키도록 산화촉진제를 첨가한 플라스틱. 다른 플라스틱보다 마이크로 혹은 나노입자로 빠

르게 전환된다. 미생물은 이 플라스틱을 분해할 수 없다.

- **비스페놀 A 무첨가** : 내분비계 교란 물질로 유명한 비스페놀
  A를 사용하지 않았음이 보증된 플라스틱. 하지만 (똑같이 위험
  한) 비스페놀 P나 S는 첨가될 수 있다.

그리고 사라지는 플라스틱

- **재활용할 수 있는 플라스틱** : 펠릿으로 축소되거나 녹여진 후
  에 새로운 플라스틱 재료로 사용할 수 있는 플라스틱. 삼각
  형 안에 적힌 숫자로 어떤 플라스틱인지 구분할 수 있다. 오
  늘날 프랑스에서는 PET(숫자 1, 주로 물병에 사용)와 PEHD(숫자 2,
  일부 우유병에 사용)만을 재활용할 수 있다. (재활용 처리 과정이 유럽
  식품안전청의 허가를 받아야만) 식품 포장용으로도 드물게 재사용
  된다.

  주의 : 재활용 가능한 플라스틱은 수거와 재활용 과정이 없다면 재활용될 수
  없다! 게다가 대부분의 경우 재활용 처리로 얻은 원료는 처음 사용될 때보다
  품질이 떨어지기 때문에 '다운사이클링할 수 있는' 플라스틱이라고 해야 한다.

- **생분해되는 플라스틱** : (박테리아, 균류, 해조류, 지렁이 등) 미생물의
  활동으로 분해되는 재료로 구조가 점진적으로 간소해지다
  가 결국 적절한 시점에 물, 이산화탄소(CO_2)나 메탄(CH_4) 그

리고 환경에 무해한 물질로 바뀐다.

• **퇴비로 만들 수 있는 플라스틱** : 유럽 제정법에 따르면 6개월 안에 60℃ 이상의 온도와 습도를 유지해 산업 퇴비로 분화되는 플라스틱을 말한다. 따라서 정원에서는 퇴비가 되지 않는다.

• **자연조건에서 퇴비가 되는 플라스틱(혹은 엄격한 의미에서 생분해 가능한 플라스틱)** : 일상의 기온과 습도에서 몇 개월 안에 가정용 퇴비나 토양으로 분해되는 플라스틱.

• **영구적인 플라스틱** : 사라지지 않는 조각으로 축적되지 않고 인간의 활동과 같은 시기에 자연의 생태순환에 합류할 수 있는 플라스틱. 물리화학적 혹은 생물학적 과정을 통해 땅에서 저절로 생분해된다. 그러면 식물이 광합성을 통해 주원료를 다시 흡수해 유기적인 새 원료를 만든다.

플라스틱 세상

1판 1쇄 발행 2021년 6월 25일

지은이 나탈리 공타르, 엘린 세니에 | 옮긴이 구영옥
펴낸이 윤혜준 | 편집장 구본근 | 디자인 오필민디자인 | 마케팅 권태환

펴낸곳 도서출판 폭스코너 | 출판등록 제2015-000059호(2015년 3월 11일)
주소 서울시 마포구 월드컵북로 400 문화콘텐츠센터 5층 9호(우 03925)
전화 02-3291-3397 | 팩스 02-3291-3338
이메일 foxcorner15@naver.com
페이스북 www.facebook.com/foxcorner15
인스타그램 www.instargram.com/foxcorner15

종이 일문지업(주) | 인쇄·제본 수이북스

Copyright©폭스코너, 2021 Printed in Korea.

ISBN 979-11-87514-69-5 03300